演讲表达力

陈钰 陶辉——著

中国纺织出版社有限公司

内 容 提 要

在现代社会，人或多或少都需要在公共场合发言。演讲是一个人口才能力的重要体现。演讲能力的训练是口才学习的重要部分。

本书是一本实用演讲表达能力训练书，它结合大量的经典案例，将演讲的理论与实践经验相结合，阐释演讲成功的基本原则，同时告诉读者如何训练自己的演讲口才，如何合理组织语言以在演讲中展现自己的个人魅力，从而使自己成为优秀的演讲者。通过学习本书，你也能成为一名演讲高手，即便你对演讲一窍不通，本书仍可以帮助你从零学起，从入门到精通，真正掌握演讲的艺术。

图书在版编目（CIP）数据

演讲表达力 / 陈钰，陶辉著. -- 北京 : 中国纺织出版社有限公司, 2025.4. -- ISBN 978-7-5229-2303-1

Ⅰ. H019

中国国家版本馆CIP数据核字第2024ZZ8055号

责任编辑：柳华君 责任校对：高 涵 责任印制：储志伟

中国纺织出版社有限公司出版发行
地址：北京市朝阳区百子湾东里A407号楼 邮政编码：100124
销售电话：010—67004422 传真：010—87155801
http://www.c-textilep.com
中国纺织出版社天猫旗舰店
官方微博 http://weibo.com/2119887771
天津千鹤文化传播有限公司 各地新华书店经销
2025年4月第1版第1次印刷
开本：880×1230 1/32 印张：7
字数：145千字 定价：49.80元

凡购本书，如有缺页、倒页、脱页，由本社图书营销中心调换

前言

这是一本提升演讲表达力的实用指南。

早在18世纪,哈佛大学就开设了修辞与辩论的课程,并于19世纪演变成演讲学。如今,我们迎来了一个用演讲与表达构建自己影响力的新时代。著名哲学家海德格尔说过:"语言是存在之家。"一个人的生存离不开语言,我国古代著名思想家、教育家孔子也强调了言说的重要性。如果一个人只学习一项技能,就可以为自己的人生带来一系列的改变,那一定是演讲。

随着信息技术的不断发展,市场与技术的不断融合,空间交互、区块链(NFT)和生成式人工智能(AIGC)等新兴技术正在催生具有新兴科技思维的劳动者和新的非人类劳动者群体,正在开创全新的创作空间和表达方式,各个行业越来越需要具备演讲表达能力的高素质综合型人才。公共演讲能力在某种程度上成了影响一个人的人格魅力和事业高度的重要因素。在这个时代,需要当众表达的场景太多了,好的表达,有温度且能让人共情的表达,一定程度上反映出一个人的思维敏捷程度和情商,有的人一开口就可以赢得更多机会。随着自媒体的快速发展,我们已经进入"人人皆主播"的时代,无论是娱乐、带货、才艺、美食还是知识领域的主播,他们都格外重视语言表达能力。因为表达能力强,能够吸引更广泛的受众,再加上直播间的内容质量上乘，就会收获众多粉丝。所以，表达能力的提高，对一个人的社交活动、生活方式、交友乃至事业发展，都有着极大的帮助。

演讲已经成为打造个人IP的核心技能。我们的生活和工作中有太多场景需要强有力的语言来表达观点或解决问题，学会如何演讲，其实就是掌握人生中的每一个关键时刻。

思想放在大脑里，是浅层价值；把思想用语言传播出去，让更多人知道，是中层价值；由于传播了新思想，改变了更多人的思想与行为，这是深层价值。当用演讲的方式传播我们的观点和思想时，我们就能吸引听众的注意力，让他们认真思考我们输出的内容，实现"讲—听—理解"的良性信息交互，确保我们的演讲既锻炼了自我也帮助了他人。因为与他人分享知识和经验是一种享受，而且在这个过程中，我们不只是一个信息传播者，也会在传播信息的过程中重新审视自己的观点和思想，得出新的论点，进一步提升和完善自我。

演讲是表达能力的综合体现，演讲能力的训练是我们口语传播学习中的重要部分。英国前首相丘吉尔曾说："一个人可以面对多少人，就代表这个人的人生成就有多大！"我们每个人都向往言之有物、言之有力的演讲境界，这个境界是否有捷径可以达到呢？其实，一切都是有章可循的，演讲也一样。只要培养路径正确，遵循科学的训练方法和规律，就一定能够取得你想要的演讲效果。

《演讲表达力》是由我与陈钰专门为大众量身定制的演讲

实践训练手册，这本书以"演讲"为主线，系统地阐述了提升演讲表达力的方法和技巧，内容涉及演讲中的自信培养、发声训练、逻辑训练、台风训练、控场训练等各方面，覆盖了生活中的许多场景。这本书可以解决你心中有顾虑、脑中无素材、表达无技巧等一切演讲难题。同时，本书将理论与实践相结合，引领和激发读者突破自身限制，形成积极的信念，重构语言框架；并配以恰当、有趣、生动的案例，帮助你训练演讲表达力，找到属于自己的独一无二的演讲风格，成为超级演说家。

陶辉

2024年2月16日于首尔

目录

第1章 自信开口,把握从容演讲的秘诀 / 001

当众讲话感到紧张的根本原因是什么 / 002

恐惧是良好表达的天敌 / 006

克服演讲恐惧症,需要我们在平时就积累自信 / 009

过度关注,只会加剧紧张感 / 013

降低对自己的要求,反而能轻松面对 / 015

做足准备,演讲时才有安全感 / 019

多练习当众发言,以获取成功的经验 / 022

演讲前做一些放松身心的活动,减轻紧张感 / 024

第2章 精准定位,明确演讲思路 / 027

确定目的和主题,是演讲的第一步 / 028

演讲要因地制宜,因人而异 / 030

明确演讲类型,做到形式与内容的统一 / 034

选择针对性的材料,让演讲有据可依 / 037

开口前定好基调，把握气氛 / 040

演讲前要做好九个步骤的准备 / 044

第3章 发声训练，让语言鲜活明亮 / 049

声音厚重洪亮，令听众产生好感 / 050

语速快慢有序，把握节奏 / 053

语调抑扬顿挫，渲染情感 / 056

语气拿捏到位，准确表露情感 / 058

语言凝练，字字珠玑 / 062

修饰声线，让听众听得动容 / 064

勤做活舌操，能让你口齿伶俐 / 067

朗读式训练，让你快速进入演讲角色 / 069

第4章 逻辑训练，告别混乱，提升说服力 / 073

列好大纲框架，总体设计演讲思路 / 074

理清逻辑结构，让表达更有条理 / 077

巧妙铺垫，演讲时要善于营造气氛 / 078

曲径通幽，戏剧性地展现想法 / 081

引人入胜：精彩开场白的设计技巧 / 084

首尾呼应：精彩结尾的设计技巧 / 088

第5章 感染力训练，打造令人难忘的演讲 / 093

唯有热情，能引爆听众的掌声 / 094
讲感人的故事，能迅速打动听众 / 098
站在听众的角度演讲，更易将观点植入听众思维 / 101
在演讲时注入情感，让听众产生共鸣 / 105
自己的经历和故事，是最好的素材 / 107
活跃氛围，幽默必不可少 / 110

第6章 台风训练，举手投足彰显专业风范 / 115

服饰装扮：得体的穿戴能装点你的自信 / 116
视觉运用：注重与听众进行眼神交流 / 120
体态语：善用肢体语言拉近与听众的距离 / 123
表情语：用微笑传递友善 / 126
手势语：让演讲更有张力 / 129
姿态语：挺直腰板说话更有气场 / 132

第7章 脱稿训练，掌握信手拈来的即兴演讲方法 / 137

脱稿演讲，需要先高屋建瓴地构思 / 138
即兴演讲要做好心理准备，并快速组织语言 / 140
即兴演讲要充满新意，才能高潮迭起 / 144
即兴演讲最考验讲话者的表达能力 / 147

脱稿演讲中的语言表达有哪些要求 / 149

如何寻找脱稿演讲中的话题 / 152

第8章 控场训练，练就出色的危机应对能力 / 155

洞察听众的反应，随时调整话语动向 / 156

冷场时，如何重新炒热气氛 / 159

遭遇挑衅和刁难，以微笑"对待" / 162

说错话时，如何快速补救 / 165

突然忘词，如何巧妙衔接 / 168

第9章 互动训练，让演讲氛围高潮迭起 / 173

在演讲中融入情感，更能带动听者的情绪 / 174

提开放性的问题，引导听众参与 / 177

说点自己的私事，能拉近与听众的心理距离 / 181

讲些逸闻趣事，激发听众参与的兴趣 / 184

事先排练，控制好演讲时间 / 186

用赞美打动听众，使其采取行动 / 189

第10章 场景训练，把握不同场合下的演讲技巧 / 193

介绍词：到位的介绍才能架起演讲桥梁 / 194

竞职演讲：展现实力才能脱颖而出 / 197

就职演讲：内容要有鼓动性和说服性 / 200
主持会议：开口就要展现水平 / 204
获奖致辞：重在展现谦逊的态度 / 206
会议演讲：落落大方地阐述观点 / 208

参考文献 / 212

第1章

自信开口,把握从容演讲的秘诀

演讲是一种必不可少的表达观点、宣传思想的方式,可即便是身经百战的演讲大师,在上台时也会有紧张的苦恼,而能否处理好紧张心理直接影响讲话的成功与否。要想真正消除讲话中的紧张心理,从根本上来说还是要降低对自己的要求,承认并允许自己有紧张心理,做足演讲前的准备,还可以在上台前做一做放松身心的活动,自然就会使心境松弛一些。

当众讲话感到紧张的根本原因是什么

在现实生活中,无论是领导还是企业员工,都需要在公共场合发表讲话,比如主持会议、竞聘职位、工作述职、宣传产品等。当众讲话是现代人必备的一项技能。任何人想要做好演讲,都必须要有自信。美国教育家戴尔·卡耐基先生毕生都在教人有效地讲话。他认为,成人学习当众讲话的最大障碍就是紧张。他说:"我几乎一生都在致力于帮助人们克服登台的恐惧,增强勇气和自信。"

事实上,在电视、公司例会和学术报告会上侃侃而谈、落落大方的人,比一说话就畏畏缩缩、眉头紧锁、瞻前顾后的人更容易成功。实际上,那些财富榜上的CEO和成功人士无一不是优秀的演讲大师。

可见,当众讲话是一门不可不学的课程。然而,令不少人苦恼的是,人们对当众讲话都会有不同程度的紧张感,尤其对那些初学演讲的人来说,恐惧心理尤为明显。

你的心里总有个这样的声音在作怪:"不要讲,你会丢脸的。"于是,你不敢大声说话,不敢在公共场合表达自己的观点,你的话只能是茶壶里的饺子——倒不出来!在开会前的一个星期,你就开始担忧,甚至紧张得晚上辗转难眠,好不容易熬到这一天了,你发现自己站在全公司的领导面前时,脑袋一片空白,双腿直打哆嗦;你颇有学术才能,取得成就后,上级领导让你分享研究经验,但是看到那么多投向自己的目光,你顿时语无伦次……这样的情况太多了!你会问自己:我这么怯场,该怎么办?

事实上,在公众面前感到紧张是再正常不过的心理,紧张能使人的大脑皮层兴奋,从而开发潜能。许多专家认为紧张、压力是激发潜能的有利因素,紧张不见得是件坏事,适度紧张不仅无害,还会起到积极的作用。适度紧张会让我们重视听众,重视自己的表达方式。只要你在乎听众,想给听众留下好印象,自然就会重视讲话,不会完全放松。很多演讲家都会保持适度的紧张也是这个道理,这样反而会增强表达的效果。

然而,如果适度紧张变成过度紧张,就需要我们做出调整了,因为它会造成思维停滞、言辞不畅。为此,我们需要把紧张降低到一定程度,让它成为一种助力而不是阻力。

那么,当众讲话紧张的根源在哪里?既然紧张是人的一种反应式行为,那它到底是对什么做出的反应呢?

周舟是某校高中三年级的男生,性格内向、不爱说话,平时也不爱与人打交道,即便遇到熟人也是绕着走,老师上课让他回答问题,他也不敢抬头。不过,周舟很爱学习,成绩一直名列前茅。

在高考倒计时的三个月里,周舟的成绩一直稳居年级前三,所以老师让他在高考动员大会上发表讲话。

可是,周舟走上讲台,一直紧张得开不了口,最后脸憋得通红,老师没办法,只好让他先下台。这件事结束后,老师找到周舟,想和他单独谈谈。

一开始,老师对周舟做了一番言语疏导,也了解到周舟之所以不敢开口,是因为曾经一次失败的当众讲话的经历。

小学五年级时,有一次,老师找到周舟,让他参加学校组织的演讲比赛。

"演讲要怎样讲呢?"周舟问老师。

"就像你平时写作文一样,先写好了,背下来,再上台背一遍就可以,很简单的。"

"好吧。"周舟犹犹豫豫地答应了。

接下来,周舟就开始为演讲的事做准备了,他写了稿子,再开始背,还经常让妈妈考他,一篇演讲稿是难不倒聪明的周舟的,无论妈妈问到哪里,他都能倒背如流。

演讲当天,周舟兴高采烈地上了演讲台。当他登台的那一刻,他却发现氛围好像和家里背诵演讲稿不大一样,顿时有点不知所措。在家里,听众只有妈妈,现在是全校师生,他有点慌了,可还是决定先背诵第一段,接下来是第二段,都很顺利。但是到了第三段,他忽然一个字也想不起来了。怎么办?看着台下的人,大家都在交头接耳,周舟一紧张,居然尿裤子了,他赶紧跑下台,恨不得找个洞钻进去,再也不出来。

自从这件事后,周舟每次开口,都觉得同学在笑话自己,久而久之，就不敢说话了。

在这个故事中，高三学生周舟之所以害怕当众说话，是因为他在童年时期有过因为当众说话而出丑的经历。据此，我们也可以大致推断出人们在公共场合紧张的原因：出现了害怕的感觉，让人产生紧张感。人们害怕的无外乎是"自我形象不好""怕出丑""怕丢脸""怕没面子"。

都兰博士认为，产生紧张的原因主要有五个方面。

1.害怕自己表现不好

一些人在还没开口时，就希望演讲能获得较好的效果，但如果自己发挥失常没有做到怎么办？这些想法导致他们害怕。

2.准备不足

任何一种活动，在准备不足的情况下都极有可能失败，演讲也是如此，而这也是很多人在公共场合讲话产生紧张心理的原因。

3.害怕听众的反应不佳

演讲者过于期待从听众处获得积极的反馈，希望听众能接纳自己的观点，期望他们能给予自己热烈的掌声，因而惴惴不安。

4.有在公共场合说话失败的经历

演讲者有在公共场合演讲失败而丢脸的经历，在再次演讲时会因为害怕被听众嘲笑而产生紧张心理，要想重拾勇气，确实不易。

5.没有充分进入角色

演讲者可能由于上述原因,一直无法全身心投入到演讲中,所以未能充分进入角色,以致加重紧张感。对演讲效果的过早考虑,也会带来焦虑感。

了解演讲紧张感产生的原因,能帮助我们对症下药,找到具体的解决措施,以做到自信登台,大胆开口。

恐惧是良好表达的天敌

生活中的每个人,都希望得到他人的认同,都希望获得良好的人际关系,都希望能把自己最好的一面展示给别人,这就需要我们在他人面前有良好的表现。得到别人的认同和赞赏,才能获得愉悦的人际关系。然而,很多时候,一些人在当众发言的过程中,因为内心恐惧而给他人留下了负面的印象。

曾经有一项调查显示人类有14种恐惧,排在第一位的居然是当众说话!在一群人面前说话真的有这么恐怖吗?可能你也有这样的经历,学生时代,你活泼开朗,和同学们打成一片,可只要上讲台朗诵课文,就面红耳赤,甚至结结巴巴。爱默生曾经也说:"恐惧比其他任何事物都更能击败人类。"其实,那些演讲大师也会紧张,只是他们在日复一日的努力中克服了恐惧。

对任何一个人来说,在公共场合演讲,就是要自信满满,而恐惧是良好表达的天敌。一个人在不敢说的前提下是说不好的，唯有卸下恐惧的包袱，在语言中注入自信的力量，才能成为一个敢于表达的人。

胡先生是一名培训讲师，他的工作就是经常在全国各大企业培训人才，自然免不了要经常在众人面前说话。虽然已经十分熟悉自己的工作，那些演讲词已经能背下来了，可每次演讲前，胡先生还是莫名地紧张。

这几年，胡先生逐渐摸索出了能帮助自己减轻紧张感的方法：平时在网上搜集一些小笑话，存在自己的手机里，到演讲前再拿出来看，那些小笑话能让胡先生开怀大笑，他心里所有的不安自然也就烟消云散了。

和故事中的胡先生一样，即便是演讲大师，演讲前也会紧张，只不过他们有属于自己的调节方法，胡先生使用的就是幽默放松法。

可能有些人会说，我一在众人面前说话就紧张，该怎么克服呢？对此，你可以做到四点。

1.认识到在公共场合演讲紧张是正常的，且能正确面对和接纳这种情绪

你应该意识到自己的紧张是正常的，很多人在这种情境下可能比你更紧张。不要与这种不安的情绪对抗，而是要体验它、接受它。要训练自己像局外人一样观察自己的害怕心理，注意不要陷入其中，不要让这种情绪完全控制住你。你可以在心中默念：如果我感到紧张，那确实就是紧张，可我不能因为紧张而无所作为。

你此刻甚至可以选择和自己的紧张心理对话，问自己为什么紧张，自己担心的可能的最坏结果是怎样的，这样你就做到了正视且接受这种紧张的情绪，从而坦然从容地应对，有条不紊地做自己该做的事情。

2.积极暗示，进而淡化心理压力

你不妨以林肯、丘吉尔这些成功的演讲者为榜样，他们的第一次当众演讲都因紧张而以失败告终，同时，你也可以在心里进行自我暗示：紧张心理的产生是必然的，也是不能避免的，我不该害怕，只要我认真说话，就一定能说好。抱着这样的心理，你的紧张心理就会慢慢缓解。

3.做足准备，自信开口

准备充分，自然能自信上场。也就是说，你在开口前，要想好自己到底要表达什么，怎样才能表达好，做好各方面的准备，就没什么可担心的了。

4."漠视"听众，不必患得患失

法拉第不仅是英国著名的物理学家和化学家，也是著名的演讲家。他在演讲方面取得的成功，曾使无数青年演讲者钦佩不已。当人们问及法拉第演讲成功的秘诀时，法拉第说："他们（指听众）一无所知。"

当然，法拉第没有贬低和愚弄听众的意思。他说的这句话是要告诉青年演讲者，建立信心，才能成功表达。

事实上，可能很多人在当众演讲时，过多地考虑了听者的感受，害怕听者会听出自己的小失误。其实，你大可不必有这样的想法，因为，谁在说话时都可能犯点小错误，没有谁会放在心上。再者，即使讲错了，只要你能随机应变，不动声色地及时调整，听者是听不出来的，即使有人听了出来，也只会暗暗钦佩你的灵活机智，对你有更高的评价。

任何人在演讲前，都要克服自己的恐惧，并学会一些消除恐惧的方法，只有这样，才能不断消除表达时的恐惧，成为一个会说话、会表达的人。

克服演讲恐惧症，需要我们在平时就积累自信

在现实的演讲中，有些演讲者面对即将到来的演讲，会感觉如临大敌，心惊胆战，有着诸多的担心，例如，在演讲过程中总是设想自己说错话，总是害怕自己忘词了，或者总担心听众对自己的话不感兴趣，这就是一种负面的假想，它很可能会抹杀我们对演讲的信心。这就是人们常说的"演讲恐惧症"，属于恐惧症的一种。其实，我们对某一件事情越是过分注重，就越容易焦虑和紧张，反映在行为之上就是放不开手脚，反映在身体之上就是心跳加快、手脚发抖、说话磕巴、大脑空白，等等。

其实，有这些身心表现都是很正常的。面对这种情况，可以使用积极自我暗示的方法。暗示对人的心理影响是极大的，

人在不良的心理状态下是无法正常发挥的。

人生中重要的事情不是感到惬意，而是感到充沛的活力。强烈的自我激励是成功的先决条件。心理学家认为，内控的人认为自己可以掌控一切，外控的人认为自己事事受制于人。如果你不相信自己可以克服，也不愿意去克服，那谁也无能为力。

当然，要做到自我暗示，保持积极的情绪体验，还需要我们在日常生活中就积累自信心。如果你是个自信心不足的人，你可以掌握七个自我练习的方法。

1.活出自我，找到自信

每个人都应该活出自我，不应该人云亦云，不应该盲目跟风，更不应该唯唯诺诺，而要尊重自己内心的想法，做自己喜欢的事，就会慢慢变得自信。

2.在平时说话就要声如洪钟，不必畏畏缩缩

在开会发言时，要注意提高你的音量，养成大声说话的习惯。科学的对比实验证明，大声说话能解除压抑，提高自信，能调动全部潜能，包括受到压抑的潜能，同时也能使你的胆量在大声说话中得到增长，你的发言也就流畅自如了。

3.步伐轻快，昂首挺胸

许多心理学家认为，人们行走的姿势、步伐与其心理状态有一定关系。懒散的姿势、缓慢的步伐是情绪低落的表现，是对自己、对工作以及对别人不愉快感受的反映。步伐轻快敏捷，身姿昂首挺胸，会给人带来明朗的心境，会使自卑逃遁，

自信萌生。

4.学会微笑

微笑能给人自信，是医治信心不足的良药。如果你真诚地向一个人展颜微笑，他就会对你产生好感，这种好感足以使你充满自信。正如一首诗所说："微笑是疲倦者的休息，沮丧者的白天，悲伤者的阳光，大自然的最佳营养。"

5.在公共场合挑前面的位置坐

你是否注意到，无论在学习还是在工作的各种聚会中，后排的座位总是先被坐满。大部分占据后排座的人，都希望自己不会"太显眼"，而怕受人注目的原因就是缺乏信心。

坐在前面的位置能建立信心。你可以把它当作一个规则试试看，从现在开始就尽量往前坐。当然，坐前面是比较显眼，但要记住，有关成功的一切都是显眼的。

6.学习一些自我放松的技巧

有的人一在公共场合当众讲话，就觉得十分痛苦，在自我介绍时，更是十分紧张，这样的人在平时生活中也不敢去接触别人，这类人在演讲中该如何克服自己的扭捏呢？

"假按摩、真放松"的方法也许能起到作用：和同行的人一起，大家先围成一圈，每个人都闭起眼睛，把双手放在前面一人的肩上，慢慢地替他按摩，由肩移至腋下，然后再一次由肩按摩起，直到你被人按得想笑，因为想笑而放松了自己，你自然就不会再害羞了。

当然，当你成为一个自信的人后，在演讲时如果还有紧张感，你可以这样语言暗示自己："我一定可以做得很好。""我一定可以超常发挥。"

7.把握每一次练习演讲的机会

任何一个希望获得演讲能力的人，都必须把握每次当众说话的机会。能在公共场合侃侃而谈的著名人士并非天生的演讲家，他们也是在经历了很多次的练习后才能侃侃而谈的。

因为如果不练习当众说话，谁也不可能天生就会在众人面前演讲，就好比一个人如果一直不愿意下水，是不可能学会游泳的。

年轻时候的萧伯纳出了名的胆子小，每次去拜访他人时，他甚至会在门外徘徊二十多分钟才敢敲门。他也曾坦言自己因为羞怯胆小而感到痛苦。

后来，萧伯纳改变了，当人们问到他是怎么改变的时候，他说："你是怎么学会溜冰的，我就是怎么做到的——我固执地一个劲儿地让自己出丑，直到习以为常。"

他告诉自己一定要改正自己的这一弱点，所以他加入了一个辩论队，只要在伦敦有讨论的聚会，他一定前去参加。再到后来，在社会主义运动的大潮中，萧伯纳也四处演讲，从不放过每一次练习当众说话的机会，这让他成了20世纪上半叶最有自信心、最出色的演讲家之一。

其实，生活中说话的机会很多，如果你也是个不善言辞、羞涩的人，也不妨去参加一些组织，从事一些需要讲话的职务。在聚会里站起身来，说上两句，即便只是附和别人也好。

要知道,在现代社会,没有一份工作是完全不需要开口说话的。如果你总是不愿意或者不敢去说,那么,你就永远也不知道自己会有怎样的进步。

的确,一个自信的人常看到事情的光明面,必能尊重自己的价值,同时也尊重他人的价值。要做到演讲时减少紧张感,就需要在平时的生活里培养自信心,比如在平时休息之余多和自己交谈,不断地强化必胜的信心与信念。时间长了,就会发现这种良好的积极的心态成了自己的一种思维习惯。

过度关注,只会加剧紧张感

不知你是否有这样的体会:失眠的晚上,越想睡觉,却越发睡不着;越是想克制自己不去想任何事情,却越无法停止思考;骑车在路上行走,看到前面有棵树,你告诉自己一定要绕过去,却还是莫名其妙地撞上去了……

心理学上有一种"瓦伦达心态"。瓦伦达是美国一个著名的高空走钢丝表演者,在一次重大的表演中,他不幸失足身亡。事后,他的妻子说:"我知道这次一定要出事,因为他上场前总是不停地说'这次太重要了,不能失败,绝不能失败'。而以前每次成功的表演,他只想着走钢丝这件事本身,而不去管这件事可能带来的一切后果。"

心理学家也说,瓦伦达太想成功了,太专注于事情本身而患得患失。人们后来把这种心态叫作"瓦伦达心态"。

美国斯坦福大学的一项研究也表明,人的大脑里的想象会像实际情况一样刺激人的神经系统。例如,当一个高尔夫球手击球前一再告诉自己"不要把球打进水里"时,他的大脑里往往就会出现"球掉进水里"的情景,而结果也往往事与愿违,球大多会掉进水里。

每一个人几乎都有过这样的经历,越是专注于某一件事情,就越是很难做好。而许多感觉实在难以完成的任务,心里不去想了,以听之任之的心态对待,往往又轻而易举地做好了。

同样,在演讲过程中,我们也只有克服这种患得患失的心态,看淡结果,才能减少或者消除紧张感。

面对在众人面前发言这件事,一些人会紧张得不得了:"研发部门花了半年的心血研究的产品,要是我介绍砸了就全完了,怎么对得起他们呀?"事实上,你要明白的是,你可以掌握自己努力的程度,却把握不了最终结果。患得患失只会给自己制造遭受挫折的条件。

在演讲过程中,我们该怎样克服患得患失的心态呢?

1."积极性重构",承认自己的紧张

在任何事上,越是想成功,越是会焦虑。此时,克服的方法是让紧张情绪反过来帮你的忙。心理学家称其为"积极性重构",即以不同观点来看问题——是从好处看,而不是从坏处看。当你对自己有信心,又具有表达自己感受的勇气时,就能减轻自己的焦虑，使之化为力量，从而变得坚强。例如，当准备开口时，如果你感到紧张，可以向听众袒露自己的心态，这样，不仅听众会被你的坦诚打动，你的紧张感也会得到排解；如果掩饰自己的感受，只会使气氛更紧张，也使自己看起来很虚伪。

2.注重演讲本身，专心致志地讲话

如果太注重成功或失败，结果往往会失败。只要你注重演讲本身的特点及规律，专心致志地讲好话，就会收到意想不到的效果。

当你能够克服"瓦伦达心态"，以一种闲庭信步的心态面对演讲，你就是一个能控制自己紧张情绪的人了。

让人患得患失的"瓦伦达心态"只会加剧紧张。在演讲中，过度关注结果，就会把结果看得太重，做事就会受到影响。要想克服紧张，首先就要看淡结果。

降低对自己的要求，反而能轻松面对

演讲的目的是希望听众能接纳我们的观点，能采纳我们给出的建议，而恰恰是带着目的讲话导致了我们的紧张。在开口之前，我们会幻想失败时的沮丧、说错时的尴尬，也有一些人对自己的要求太高，绝不允许自己出错。其实，只要我们看淡演讲，允许自己丢脸和失败，是能减轻心理负担的。

其实,那些演讲大师从来都不会否认自己在演讲时会产生紧张感,他们也建议初次登台的演讲者们允许自己紧张,这样,反倒会放松很多。

15岁的小林今年上高二,他成绩优异,每次考试都能考进年级前三,同学和老师都很喜欢他,但他总是闷闷不乐的样子,这可能和他的家庭有关。小林出生于一个普通的家庭,父母早年务农。后来,父亲进了工厂,母亲当家庭主妇,两个姐姐因为经济紧张早早辍学,全家人把所有的希望都寄托在了小林身上,父母希望他能活泼点,可小林始终开心不起来。

一次,老师为小林报名了市里的演讲大赛。演讲比赛在一个月以后举行,小林为这事很着急,他告诉自己一定不能紧张,如果紧张就搞砸了,可越是这样想,离演讲比赛越近,他越是紧张,在不知如何是好时,小林鼓起勇气求助自己的语文老师。

"其实,我觉得可能是你太严谨了,对自己的要求太严格,其实,面对几千个人演讲,即便是我这样经常站上讲台的老师也都会紧张,更何况是你呢?紧张没什么,不要害怕,如果你能允许自己紧张,也能更自然。"

老师的话很有道理,小林全部都听进去了。按照老师的指点,小林发现,自己的心的确平静了不少。当然,小林最后以出色的表现完成了自己的演讲。

从小林遇到的情况中不难看出,在演讲这一问题上,小林之所以感到紧张,是因为他不断给自己加压,不允许自己紧张,这是一种苛求自己的态度。事实上,你可以掌握自己努力的程度,却把握不了最终结果。

可能你也遇到过这样的情况,在你登台前,周围的人会劝慰你"别紧张!""有什么大不了的!"而你自己通常也会这样告诫自己。然而你发现,这种方法基本不会奏效,反倒会让自己感到更加不安。因为越是提醒自己不要紧张,越是在和自己过不去,也就越会制造更大的紧张。正如有句话所说:"情绪如潮,越堵越高。"

因此,要减少紧张感,就要做到接受紧张而不是控制紧张。因为正如故事中这位语文老师说的,即便是经常登台的人也会紧张。紧张是正常的状态,要正确对待它。

然而,在现实的演讲过程中,不少人认为紧张有碍于自己的发挥,认为紧张是不正常的,为了不想让人看出自己紧张,他们拼命掩饰,刻意控制,故作镇定,结果不仅控制不住紧张,反而因为掩饰紧张加重了心理负担,变得更加紧张了。

具体来说,你可以做四点来调整心理。

1.弱化求胜动机

强烈的求胜动机必定会导致沉重的心理负担,结果就会引发焦虑情绪的产生,演讲结果也只能事与愿违。

实际上,演讲的意义有时候不如想象的那么大,只是在听众面前展示自己的观点而已,如果片面夸大演讲的意义,甚至把演讲与个人终生的成就、事业和幸福等紧紧联系在一起,演讲还未来临,就已经无法承受压力了。

2. 允许丢脸

当众说话是一件有面子却也是容易丢面子的事，害怕丢脸，也会给自己带来心理压力。如果你能放下面子，进入心态自由和无我的状态，也就没什么可担忧的了。

3. 允许犯错

即使是学校里经常上讲台的老师，或者是职业的演讲家，也都会出错，更何况初次登台的人。

因此，你要告诉自己，会犯错是正常的。讲错话时不要觉得沮丧。因为每个人都要允许自己有一个成长的过程，当众讲话也是如此，你要允许自己在缺少经验和技能生疏的情况下讲不好，允许自己犯错误，犯错误是再正常不过的事情了。

4. 允许失败

这又是非常重要的一点。"一定要成功，绝不能失败"，我们经常听到这句振奋人心的话，可想一想，这句话现实吗？

没有绝对的成功和失败，对自己要求过于严格，只会给自己施加压力，影响表现，你要告诉自己，即使失败了也没什么，只是说话而已。以平常心面对成败，也就能以平常心当众发言了。

总之，面对演讲，我们一定要学会降低对自己的要求，真正放下自我，才能释放压力，讲话时才能做到轻松自如。

做足准备，演讲时才有安全感

在现实生活中，不少人面对在众人面前演讲这一事实，紧张得不得了。事实上，他们没有意识到自己紧张的一个关键原因是没有做足准备工作。

小刘是一名"海归"，现在在一家网络公司担任财务总监，上任半年后，上司让他代表中层管理者做一次演讲。

该怎样确定演讲主题呢？想来想去，他决定谈自己的老本行。于是，他决定对公司的账目进行一次大审查，经过调查，小刘发现，这一年来公司根本没有盈利。到底是哪里出了问题？

他找来财务人员询问，原来他一直忽视了一个问题，公司在网站维护上的成本投入太多。而造成这一问题的原因又在于公司在这一方面人员的冗余，很多工作一个员工就可以解决，却安置了太多的闲余人员。

在找到这些原因后，小刘在公司的演讲大会上提出了一些更细致的解决方案，例如，应该调整且细化公司员工的奖金制度；员工的考勤制度也应该明确化……

公司的高层领导对小刘的演讲表现很满意，也采取了他的方案，在经过一系列的调整后，第二年的第一个月，这家公司就呈现出一片大好的发展趋势。

这里，财务总监小刘为这次演讲全方位地调查公司，找到了公司的财务问题，还在演讲中提出了具体的措施，赢得领导的认同。

同样，如果你也想培养自己的自信，为何不多做点准备，以给自己增添一些安全感呢？为此，你可以从五个方面努力。

1.承认紧张是正常的心理

可以说，在公众面前说话紧张是再正常不过的心理。即便是经常参加演讲的演讲大师，每次站上讲台前也会紧张，越是想成功，越是会紧张，要克服紧张焦虑，就要先承认自己的紧张情绪。

2.预先整理自己的意念

查尔斯·雷诺·柏朗博士曾在耶鲁大学演讲时说过："深思你的题目，酝酿成熟……再把所有的观点写下，简单得只要能表达清楚概念就可以……把它们写在纸片上……通过这样的整理，零散的片段就容易安排和组织好。"听起来是不是不难？其实真的如此，只需要你做到专注和思考。

3.在朋友面前预讲

杰出的历史学家艾兰·尼文斯对演讲也有类似的忠告："找一个对你的题材有兴趣的朋友，详尽地把你的想法讲给他听。这种方式可以帮你发现可能遗漏的见解、事先无法预料的争论，从而找到最适合讲述这个故事的形式。"

确保演讲成功的一个方法就是预讲，你可以将自己的想法、见解都告诉朋友，你可以告诉他你在预讲，也可以不告诉他。你可以听听他的想法，也许他有更新奇的主意，这对你的演讲十分有价值。

4.积极地自我暗示,告诉自己一定能成功

你可以告诉自己:这场演说很适合我,这完全是我自己的经验之谈,是我自己的看法,我比谁都有资格来谈论这个话题,而且我一定会全力以赴。虽然这是个老旧的方法,可确实也很有用。心理学家告诉我们,自我启发而产生的动机,即便是虚拟的,也能起到最快速的刺激作用,更别说那些建立在事实基础上真实的自我鼓励了。

5.面对观众,展现你的自信

美国最著名的心理学家威廉·詹姆斯有一段论述:"行动似乎紧随于感觉之后,但事实上却是行动与感觉并行。行动在意志的直接控制之下,通过制约行动,我们也可以间接制约感觉,但感觉是不受意志直接控制的……所以,让自己表现得很勇敢,而且表现得好像真的很勇敢,勇气就很可能会取代恐惧感。"

一定要记住詹姆斯的劝告,为了培养勇气,面对观众时,不妨表现得好像真的信心十足的样子。当然,前提是你必须真的做好了准备,不然都是徒劳。

开始演说之前,你可以深呼吸三十秒,增加的氧气供应可以提神,给你勇气。再站直你的身体,看着听众的眼睛,开始信心十足地讲话。这样,你的心理压力就会小很多了。

事实上,克服当众说话的恐惧,对现实生活中的每个人都有积极的作用,如果你敢于接受这项挑战,你就会发现自己的人格魅力渐渐提升,因为战胜当众说话的恐惧,会使你脱胎换骨，从而进入更丰富、更圆满的人生。

多练习当众发言，以获取成功的经验

任何人都明白，一个人要想做好当众演讲，就要做到毫不畏惧。其实，当众说话并不难，难的是克服不了内心的恐惧，我们该如何克服当众说话的恐惧呢？不少演讲大师给出建议：当众发言是最好的锻炼机会。

的确，当众说话是一个不能确定的因素，所以不免产生焦虑和恐惧。尤其是对那些很少登台的人来说，当众说话更是难上加难，它就像是一项技术活，需要反复练习。只有不断地练习，才能把不确定的因素变得单纯而轻松。你也会发现，只有体验了演讲的成功后，你才会感到当众说话不再是一种痛苦，而是一种快乐了。

杰出的演讲家、著名的心理学家艾伯特·爱德华·威格恩曾回忆自己的经历，他称自己在中学时最害怕的就是演讲，只要一想到自己将做一个五分钟的演讲，就无比紧张，甚至就在演讲前几天，他突然生病了，因为一想到那可怕的演讲，他脑部就充血，脸部就发烫，他常常冲到学校的围墙处，把脸贴到冰冷的砖墙上，从而让自己冷静下来。

后来，他上大学了，他依旧没有克服这一问题。有一次，他刚背下一篇演讲词的开头："亚当斯与爱德华已经不再是……"脑袋就一片空白,他又勉强挤出开场白:"亚当斯与杰斐逊已经过世……"然后,他完全说不出话来了,只能深深地鞠了一躬,在众人的掌声中回到自己的座位上,他感到心情十分沉重。此时,校长站起来说:"爱德华,我想大家听到这一消息一定很震惊,不过我们也会尽量节哀的。"而后是一阵哄堂大笑。

在听到校长的评价后,爱德华真想找个洞钻进去,随后,他真的生了好几天的病。

在爱德华后来的回忆中,他说:"我想,我那时候最不敢奢望的,就是当个大众演讲家。"

不过,就在毕业后的第二年,也就是1896年,他在丹佛发起了一场关于"自由银币铸造"问题的政治运动。爱德华认为,"自由银币人士"布莱安及其徒众的建议是错误的,理据缺乏、承诺不足,所以他十分愤怒。于是,他变卖了自己的手表,以此作为路费,回到了家乡印第安纳州,然后毛遂自荐,就健全的币制发表演讲。

当时,在听众席上,有很多人是爱德华以前的老同学,就在刚开始时,爱德华自己也想到了自己曾经的糗事,大学时失败演讲的经历又出现在脑海中,在那一刻,他感觉自己被恐惧包围,就快说不出话来了,恐惧快要让他窒息了。不过,他突然意识到,听众和自己都会撑过绪论部分,所以,当成功地度过这个阶段后,他的勇气增加了,他本以为自己继续往下说了大约十五分钟,可其实,他说了一个半小时,这实在让他很吃惊。

艾伯特·爱德华·威格恩说:"我终于体会到威廉·詹姆斯说的'成功的习惯'是什么意思了。"

爱德华的故事告诉人们,要克服当众说话的恐惧感,最稳妥的方法是积累成功的经验。你要明白,当众说话产生一定程度的恐惧是自然的,而你要懂得借助适度的恐惧来使自己表现得更好。即便你本来就是个不善言辞的人,在台上已经语无伦次,也不必绝望,只要多下功夫,就会发现这种恐惧很快会减少到适当的程度,这时它就是一种助力,而不是一种阻力了。

因此,在培养演讲能力这一方面,你要相信自己,从今天开始,你一定要积极地设想,自己的这番努力一定会成功的,要坚信自己在众人面前说话的努力会有收获,要从现在起全力以赴。

演讲前做一些放松身心的活动,减轻紧张感

很多演讲大师给出建议:初次登台的演讲者或内心紧张的演讲者,要想放松自己,在开始演讲前,最重要的就是要把注意力从自己身上移开,为此,可以在演讲前做一些放松身心的活动。

的确,在演讲中,要想有效地表达自己的意思,首先要学会自我放松,放松了才能自如。怎样才能放松呢?经验丰富者

分享了四个有用的方法。

1. 活动肌肉与关节

均衡运动是指有意识地让身体某一部分的肌肉有规律地紧张和放松。例如，我们可以先握紧拳头，然后松开；也可以固定脚掌，做压腿动作，然后放松。做均衡运动的目的在于让某部分肌肉紧张一段时间，这样你不仅能更好地放松那部分肌肉，而且也能更好地放松整个身心。需要注意的是，做的时候速度要均匀缓慢，动作不需要有一定的模式，只要感到关节灵活，肌肉松弛就行了。

2. 深呼吸

采用呼吸调节法可以消除杂念和干扰。当自我感觉十分紧张时，就需要有意识控制自己的情绪。

具体做法是，保持站立，两臂自然下垂，闭合双眼，把注意力集中在呼吸上，静听空气流入、流出时发出的微弱声音。接着，吸气时连续从1数到10，每次吸气时，注意绷紧身体，在头脑中反应出数字，在呼气时说"放松"，然后在头脑中再现"放松"这个词，连续数下去。注意放慢节奏，让身体尽量松弛，直到感觉到镇静为止。你也可以在平时有意识地训练自己放松，这样，在演讲过程中出现紧张心理时，就更容易调控。

3. 凝神静气

闭眼想象一些恬静美好的景物，如蓝色的海水、金黄色的沙滩、朵朵白云、高山流水等。

4. 转移注意力，避免产生恐惧感

在考试时，老师会给出建议：遇到不会做的题目，可以先转移注意力，减少焦虑，回避一时解答不了或暂时回忆不起来的问题，解答完其他问题后再回过头来重新思考回避的问题。这种做法可以使优势兴奋中心得以转移。

同样，在演讲前，你也可以休息片刻或者活动四肢、头部，以调节中枢神经系统，从而使抑制状态得到缓解。也可以积极听取主办人和听众的意见，或是集中精力听别的讲演者在说些什么，以便把注意力放在别人身上，避免产生恐惧感。

你甚至也可以将注意力集中到一些日常物品上。例如，看着一朵花、一点烛光或任何一件柔和美好的东西，细心观察它的细微之处。点燃一些香料，品味它散发的芳香。

当然，要想真正消除演讲中的紧张心理，从根本上来说还是要降低对自己的要求。如果一个人十分争强好胜，事事都力求完善，事事都要争先，自然就会经常感觉到时间紧迫，匆匆忙忙。而如果能够认清自己能力和精力的限制，放低对自己的要求，凡事从长远和整体考虑，不过分在乎一时一地的得失，不过分在乎别人对自己的看法和评价，心境自然就会松弛一些。

如果在准备充足的情况下，还是会产生紧张情绪，掌握一些放松自我的技巧可以"应急"。

第2章
精准定位，明确演讲思路

在生活中，人们常说："不打无准备的仗。"任何事，做足准备才能事半功倍，演讲也是如此，在毫无准备的情况下登台讲话，我们很可能因为讲话过程中出现的一些错误而手足无措，相反，打好基础、做足准备工作能有效改善和避免这一状况。而在演讲的准备工作中，最重要的就是定位好演讲类型、演讲风格，了解听众的心理需求，进而明确自己的思路方向，更清晰透彻地向听众传达观点，达到自己想要的演讲效果。

确定目的和主题，是演讲的第一步

中国人常说"磨刀不误砍柴工""有备无患"，也就是说，在做事之前，充分的准备工作有助于提高做事成功的可能性。对演讲这种社会活动，更需要做足准备。事实上，即便是演讲高手，在开口前也要对语句的组织做一番精心准备，以使自己的讲话更准确、更生动。

在演讲的准备活动中，最重要的就是确定自己的演讲目的和主题。在公共场合演讲，都有一定的目的，或激励，或劝说，或为了说明观点，或为了部署工作、提供信息等。有演讲目的，自然也就有了演讲主题，主题是演讲的灵魂，是所有内容的统帅。演讲缺乏主题，即使堆砌大量华丽辞藻，也不会有实际的价值和意义。语言缺乏统帅，就变成了字词的拼凑，不可能有说服力和感染力。

确定演讲主题，就是在开口前要确定演讲的主要观点、中心思想、内容和演讲的步骤等，也就是要向听众传达的观点、感情或态度。要了解演讲的主题，就需要事先了解演讲的目的是什么，也就是出于什么动机开展这次演讲。

确定演讲目的不是难事，而提炼出一个吸引人的演讲主题却不易，主题能抓住听众的心，是一场演讲成功的开始。因为对一场演讲来说，主题是门面，听众是无法提前了解你演讲的具体内容的，真正能吸引他们的，就是你的演讲主题。

我们该如何确定一场演讲的主题呢？

1.划定演讲范围

演讲前要事先准备，虽然有大量的数据和资料，但千万不要把你的主题范围定得太广，你会发现如果想要在演讲中加入自己想说的一切，压力会很大。学会去粗取精，找到主题的焦点，就意味着你必须缩小范围，才能有足够的时间阐明自己想要表达的观点。

2.了解演讲目的

目的一定不能模糊不清，因为你不会希望被别人误解。你的演讲目的必须要在演讲开篇就体现出来，而不要让听众猜测你在说些什么。

3.演讲主题要有针对性

作为一名演讲者，在确定一个主题前，你首先要考虑自己谈论的主题的价值。要知道，听众并不会对所有主题都感兴趣，演讲是一种社会性活动，是在公共场合宣扬思想的活动，你的目的是要说服听众，你说的主题也应该是听众关心的话题，这样才能起到一定的社会效果，让听众心悦诚服。

另外，你还需要明白，在确定演讲主题前，你需要了解自己的听众群体，不同的听众，年龄、身份、知识水平等方面不同，感兴趣的话题也不同。

当然，在确定主题前，你不能只考虑听众，也要考虑自己，只有自己热衷的主题，才能激发自己的演讲兴趣。假设你现在正在演讲，突然有人反对你的观点，你是否能慷慨激昂地为自己辩护？如果能，你的主题就对了。

4.演讲主题要上口、入耳

演讲和表演不同，前者主要在"讲"，后者主要在"演"，所以，你的演讲主题，最好是能上口、入耳的，如马丁·路德·金的"我有一个梦想"，这个主题就简单、明了，让人记忆深刻。你可以先默念一遍，如果讲不顺口或有听不清楚之处（如句子过长），就应修改或调整。

5.演讲主题要有意义

不要把你和听众的时间浪费在无关紧要的细枝末节上。你不会想超出听众的理解能力，也不会想要欺骗他们的情感。记住，你是在严肃认真地演讲，而不是在咖啡馆里表演喜剧。

总之，演讲主题能限制你的演讲范围，以目的为前提组织语言和材料，就能帮助我们确定演讲主题。

演讲要因地制宜，因人而异

在演讲中，我们深知选择一个好的话题的重要性，一个好的话题是让听众感兴趣、继续听下去的前提。这就如同在人际交往中，好的话题是深入与人谈话的基础，是敞开心扉纵情交谈的开端。而在具体的讲话的过程中，我们还应注意两点，一是看清讲话的场合，不能胡乱讲话；二是认清我们的讲话对象，综合上述两点，我们才能明白什么样的话题才能让听众喜欢，才合时宜。一个话题只有让对方感兴趣，谈话才能有继续下去的可能。

事实上，任何一场演讲都包括两个信息——演讲者传达的信息和听众接收的信息。在我们演讲时，即使听众在认真听，也不代表他们接受了所有信息，这是为什么呢？因为人都是以自我为中心的，都会把注意力放到自己关心的话题和一些有意义的信息上。

因地制宜、因人而异是演讲的前提，现代社会的演讲要求演讲者不能再以自我为中心。无论是收集材料、撰写演讲稿还是预讲，都要考虑大多数人的需求和兴趣，满足其深层次的心理动机，还要看清场合，否则，你的演讲就变成了自说自话，最终变成一个人的独角戏，而不会引起共鸣。

可见，在演讲中，我们一定要考虑听众的需求。如果自己是听众，你在听别人演讲时会做些什么呢？有时认真听，有时会开小差。或许，我们经常被迫去参加演讲，可没有人能迫使一个人听演讲，除非听演讲的人自己愿意听。

因此，做演讲一定不能盲目开口，而要因地制宜、因人而异，具体而言，我们要考虑两个大方面。

第一个方面，因人而异，做好听众的需求分析。每个人的性格、身份、年龄不同，在看待问题上的着眼点也不尽相同，这就要求在说话的过程中注意对方感兴趣的内容，抛开一些没有实际作用的大道理，用对方感兴趣的话去调动其激情，这样就会起到事半功倍的效果。

因此，要想掌握好的讲话技巧，就必须要做好听众的需求分析。

1.听众的年龄

在设计演讲内容时，你就要将听众的年龄考虑在内，一般而言，年纪稍大的人可能更爱面子，他们会因为害怕答错而不愿意与你互动，在演讲的场合一般保持沉默。

2.听众的职业

假如你今天要做的是一场针对销售员的演讲，听众的需求是学习销售技巧，听众希望学习你传达的实用技巧，并将其运用到具体的销售过程中，最终达到增加销售业绩的目的。而同时，他们也希望获得老板和同事的认同，如果你能考虑到这点，那毫无疑问是成功的演讲。

3.听众的爱好

作为讲话者，假如你喜欢军事，而听众群体是摄影爱好人士，你和听众大谈军事，听众却对军事一窍不通，就等于是对牛弹琴，你津津有味地说了半天，结果发现听众根本听不懂，你的心情不会好，听众的心情同样也不会好，这就注定了你的演讲是失败的。

4.听众的文化程度

在你的演讲群体中，如果同时存在初中生和本科生，你要明白,他们希望从你的演讲中获得的信息是不同的。在设计演讲稿时,你就要将大多数听众考虑在内,甚至可以在演讲前把这个情况讲给听众听,以免引起误解。

5.听众的意愿

演讲者要明白台下听众的意愿,这很重要,有些听众是自愿来听演讲的,有些听众是被迫来听的,有些听众是抱着试听态度的,有些听众是很想从演讲中学到知识的,还有些听众是来凑热闹的……面对态度不同的听众,我们需要做好应对的准备和预案。

可见,我们需要掌握听众知道、相信和关心的东西。人们只能以自己的经验来理解事物,同时也说明不管是演讲还是和别人沟通,必须深入了解听众的需求,这样才能掌握好的演讲技巧,取得好的演讲效果。

第二个方面,关注场合本身。我们还要考虑到现场的气氛,例如,在一些喜庆的场合最好别说丧气话,当大家沉浸在悲伤的气氛中时,不可戏谑、调侃等。

总之,任何一场成功的讲话,表达的都是对听众和当时场合的感受,一切应该都是符合时宜的,是为当时场合量身定制的。

明确演讲类型，做到形式与内容的统一

演讲是一种以有声语言为主、无声语言（态势语）为辅进行思想交流和宣传的有力工具。它的形式是丰富多彩的，根据内容划分也有着众多的类型。一个出色的讲话者，讲话时的风格也不是一成不变的，他们会根据演讲的类型定好言辞的基调。站在众人面前，他们或慷慨激昂，或朴实无华，或幽默调侃等，将自己需要传达的观点以独有的方式传达给听者，起到良好的表达效果。

在演讲中，要达到成功打动听众的效果，就必须要定好自己演讲的基调，混乱的演讲风格是无法深入人心的。如果在演讲中都不能明确演讲类型，又怎么能抓住听众的心呢？

我们如何给脱稿演讲分类呢？当然，分类角度不同，分类结果也不同。迄今为止，演讲学研究中也尚无公认的分类标准，也没有建立过于严格的分类标准和必要。

从演讲风格上讲，不同的演讲者、不同的演讲内容，与之相应的演讲风格也是不同的。例如，一个性格内向、不善言辞的女孩不适于上台慷慨激昂地演讲；在宣读沉痛的哀悼词时就不能开喜剧式的玩笑。

从演讲场所方面讲，公众和环境的特殊性要求演讲者运用不同的演讲技巧。在法庭上，律师和法官的言辞就要注重逻辑的严密；而课堂演讲，则要注重语言的深入浅出、以听众能听懂、接受为主。

从演讲的结构形式方面讲，不同的结构形式也要求演讲者选择不同的材料、构筑框架演讲。例如，即兴演讲的语言就要简单明了、不可啰唆。

总之，我们需要根据不同的场合、听众、演讲内容等，在构思演讲时努力做到内容和形式的协调与统一。

具体来说，我们可以将演讲划分为六个类型。

1.严谨型

严谨型演讲要求我们经过比较细致严谨的推敲与加工，因而逻辑性很强。演讲者在演讲时，也会重复、反复强调重要的内容，并加以说明。演讲者无论站立还是端坐，肢体都会相对稳定。这种演讲多在隆重场合进行。

2.谈话型

顾名思义，谈话型演讲就是我们在讲话时，就像与朋友谈话一般，要求做到说话平易近人、语言通俗易懂；语气亲切委婉，清新自然，音色自然朴实，不加雕饰；表情轻松，心态平和，说话真诚、语言质朴感人，动作与平时习惯无异，像拉家常式的漫谈。

举一个具体的演讲内容实例。

"在座的朋友们，大家都吃过饭了吗？不能饿着肚子呀！没吃的话，我可以考虑请大家吃饭（笑声）！有人请吃饭总是开心的呀！不过大家想过吗？有很多人在吃饭时时常会感到伤心，听到这话，大家可能纳闷了，吃饭应该开心啊！总不能挨饿时开心吧？这些人就是农民朋友们！大家都知道种粮的辛苦不是一般人能受得了的，在太阳的暴晒下收割麦子，太阳光越毒辣，农民朋友们越高兴，难道这些农民朋友们不知道阴凉处舒服？当然不是！实际上，阳光关系到粮食的质量，毛毛细雨下收粮食挺舒服，可这些粮食吃起来就要发黏，颜色发黑。最终，农民们受了很多苦，收了很多粮食，丰收后农民朋友一算账，却是亏损的，这真是一种说不出来的痛。我今天就要与大家谈谈粮食价格过低对经济的影响！"

3.绚丽型

这是一种注重辞藻和气势的演讲类型。其实，在20世纪90年代，在一些大学的演讲赛或者辩论赛中，我们经常看到这种类型讲话。

这种演讲既注重内容的厚重和多样化的形式，也注重肢体语言的丰富，要达到这一演讲效果，我们可以旁征博引，纵横古今，引用大量的名言警句、轶闻趣事、典故史实。

如下文中的演讲内容。

"那是一个漆黑的夜晚，一个北风刺骨的夜晚，一个大多数人已经酣然入睡的夜晚。可他还在忘我地忙碌，身影显得格外高大。一位名人曾说过'劳动者总是最美的'，他就是最好的证明！"

4.柔和型

一些具备天赋的女士在演讲方面采用这种方式，效果是很好的。因为女性的嗓音圆润甜美，吐字清晰准确，而且具有亲切的微笑、柔和的眼神。

5.激昂型

这种演讲类型激情澎湃，语言豪壮刚健，激越高昂。因此，在演讲时，语言上要音域宽广，音色响亮，精神饱满，手势幅度较大，给人以奋发向上，朝气蓬勃的振奋感觉。

怎样才能达到这一演讲效果呢？调理呼吸，科学发声是关键，尤其是合理分配胸腔、腹腔、颅腔共鸣。

6.幽默型

这种类型的演讲具有喜剧色彩。在演讲时，需要做到音调变化大，语言生动形象，逗人发笑，手势动作轻捷灵活。

上述六种演讲风格不是绝对泾渭分明的，我们可以融合练习，最终形成自己的演讲风格。

总的来说，我们在演讲时应结合自身特点，充分考量自身的优势和不足之处，有选择地学习他人的经验、优点，逐渐探索出适合自己的讲话风格，并将这一风格运用到讲话之中，以达到很好地控制全场气氛的目的。

选择有针对性的材料，让演讲有据可依

演讲者在公共场合说的任何一句话，都必须是真实可信的，也就是必须要有据可依。这就涉及材料的选择与使用。在确定了演讲的主题后，我们就能大致地划分出演讲需要的材料，而需要注意的是，不是所有的材料都适合演讲，也就是要

精选材料。

凯撒大帝是罗马共和国末期的军事统帅、政治家、儒略家族成员。他曾用八年的时间征服了高卢全境,还袭击了日耳曼和不列颠。在掌权时期,他曾遭到布鲁图斯等人的诋毁,他们称凯撒有野心,是暴君。安东尼是凯撒的重臣,他站出来为凯撒说话,用了三句话。

"他将获得的财物都归于国库。"

"他听到穷人的生活困惑,会掉下泪来。"

"那天,你们曾目睹我三次劝他登记,他三次拒绝。"

这个案例中,安东尼讲述的三句话,分别证明了三点:凯撒没有为一己之私而侵吞国财;凯撒满怀仁爱之心;凯撒谦虚为人而不是野心勃勃。这三句话都紧扣主题,都有力地证明了自己的观点,给布鲁图斯等人以强有力的回击。

确定演讲主题后,演讲者经过调查与构思,将面临材料取舍与使用的问题。收集和搜索了大量的材料之后,并不是所有的材料都可以派上用场。因为演讲不是简单地堆砌材料,而是只能选取那些最能说明问题、最能打动听众的材料来用。

那么,在演讲材料的选择和使用上,我们该注意哪些原则呢?

1.材料必须真实可靠

只有真实的演讲材料才能经得起验证和推敲,而且在公共场合说话,你说的话只有是真实的,才能让听众信服,相反,即便你滔滔不绝,一旦被听众发现内容是虚假的,只会被厌恶。

要做到材料的真实,不但要确保书面材料的真实,更要认真观察生活,从生活中搜集客观真实的材料,这样才具有普遍意义。

另外,还需要注意的是,在整理材料的过程中要把握材料,不能用模糊的词语,让人无法确定。

2.材料必须紧紧围绕主题

我们应把主题当成材料取舍的重要标准,之所以寻找材料,就是希望材料能起到证明主题的作用。如果偏离主题,即使材料再完美,也是毫无意义的。

可见,在选择材料的过程中,只要是能凸显主题的,与主题关系密切或者有关联的,都可以选用,而与主题关系不大,或者无法很好地反映主题的,都应舍弃。

3.材料必须生动典型

典型,就是具备代表性,也就是要保证材料具有广泛的代表性和强大的说服力,这样的材料能以小见大、以少见多,能帮助我们信心百倍地阐述观点,也能让表达更精练。

因此,要保证材料的典型性,在选择材料时,无论是其形式还是内容,都是必要的。材料的生动性体现在材料的新颖、实在、有趣、灵活等特征上。新颖生动的材料,能够充分激发出听众的兴趣、想象力,当然,这也需要演讲者在演讲时声情并茂,以增加表达时的感染力,让听众乐于倾听。

4.材料必须要有针对性

适合演讲主题的材料并不少,但不是所有的材料都应该被运用到演讲中,因为还要考虑到听众自身的因素,要真正做到因人而异、因地制宜,这样才能真正起到以情动人、以理服人的效果,激发听众的热情和兴趣。

什么是针对性的材料呢?

①要考虑到演讲的场合和听众的兴趣;

②要针对听众的不同文化程度,把材料具体化、形象化;

③要选择符合听众心理需求的材料;

④要选择科学性和理论性强的材料,能让听众信服;

⑤要考虑到自身的情况,选择自身熟悉的材料,这样才能做到在演讲时自信满满。

总而言之,演讲者选择和使用材料,一定要以演讲目的和主题为出发点,且考虑到听众和自身的独特因素,精心选择那些有用的、真实的材料,才能帮助我们完成一个出色的演讲。

开口前定好基调,把握气氛

我们都知道,在生活中与人沟通,都要有明确的针对性,不能拖沓冗长,让对方不明就里。其实,对公共场合的演讲来说,何尝不是如此呢?

一些人认为，演讲中的语言越是冗长，越是能体现自己的知识水平和语言能力，因此，一些人在演讲时其实并没有什么实质性内容，就是反复强调、空话连篇，明明是很短小的演讲，最后成了"马拉松"式的演讲，让人厌烦。而实际上，讲话越短越精彩，越短越容易给人留下深刻的印象。精彩的发言无须长篇大论，短小往往更精悍有力。而要做到这点，就需要在演讲前定好基调，掌握整个演讲的气氛。

所谓基调，即是风格、主要感情等。这一词汇对经常参加各种演讲的人而言并不陌生，因为通常来说，演讲都要达到一定的目的。因此，当众演讲，就必须要有较强的针对性，这要求我们了解演讲的主题，尤其要考虑到听众的身份、年龄、职业、心理需求和接受习惯等特征。

明初朱元璋在位时，刑部主事茹太素上书奏言，可这篇文章实在太冗长了，足足一万字有余，朱元璋读到六千字时已经不耐烦了，说："虚词失实、巧文乱真，朕甚厌之。自今有以繁文出入朝廷者，罪之！"于是，命人把茹太素拉上殿来，痛打了一顿板子。

茹太素被打完板子之后，朱元璋连夜找来其他臣子，让他们为自己读这篇文章，直到读到一万六千多字时，朱元璋才知道这篇奏章到底写的是什么事情，总共五件事，而有可行性的也只有四条，朱元璋把可行的事情交代下去了，再对茹太素及其他臣子说："许陈实事，不许繁文，若过式者罪之。"

这个故事说明："言不在多，达意则灵。"同样，当众演讲也要遵循这一原则,不是越长篇大论,越能显示自己的水平。

古代就追求"以少少许,胜多多许""文约而事丰"的境界。我们要转变演讲风格,首先就要求在开口前定好基调,进而做到演讲短小精辟,要知道,在工作忙碌、生活节奏快的现当代社会,短小精辟的演讲更受人欢迎。那么,我们该如何做到这一点呢?

1.把握核心问题,切中要害

当众演讲,一定要把握要害,切忌兜圈子,只有切中要害,才能透过现象看本质,拨开枝节讲主流,一针见血地讲到点子上,让听众心领神会。

2.力求做到语言上的创新

能否在讲话中推陈出新,体现了自己语言水平的高低。相反,如果演讲时总是一副"老姿态""老调子",即便是真理,也会让人听得昏昏欲睡。真理也需要讲出新意,让听众乐于接受,引起广大听众的共鸣。

3.讲听众想听的内容

如果只讲大道理,演讲便是枯燥无味的,而听者一般也会通过演讲分析和认识我们,只有生动的演讲才是吸引人的,所以演讲应在内在的"神"上下功夫。这就要求我们抓住听众的心理,了解听众的所想所盼,尽量做到你讲的正是听众想听的,从而增强内在吸引力。

4.以理服人

一般来说，我们在会议上讲话，就是要通过对话产生的积极作用来影响听众，而这一点不是靠死命令或者说教就能实现的，关键是要有说服力。只有真正让人口服心服，才能让听众有兴趣继续听下去。因此，我们要讲清楚听众关心的内容，不拖泥带水；讲明听众不明的内容，不含糊其词；讲透听众抵触、反感的内容，不牵强附会。否则，你讲你的，人家做人家的。你例行公事讲了话，浪费时间；人家不得已而听讲，等于没听。

5.提出自己的希望

演讲开始前，我们就要让听者明白你的讲话目的是什么。当然，如何提出自己的希望还体现了一个人的号召力，我们常听到这样的评价"某某号召力强""某某有魄力"，其实，"号召力强""有魄力"很大程度上是通过演讲来表现的。

优秀的演讲者，往往在讲话伊始就能通过一番简短的讲话立即凝聚起听众的心，组织起群众的力量。而也有一些演讲者讲了半天，纯粹是空洞的说教，人家根本听不进去，怎么会有号召力？我们应在增强号召力上多作些研究，要通过讲话起到激励、鼓动的作用，达到演讲的目的。

可见，若希望自己的演说内容对听者产生积极的作用，就要通过上述五种方式，让听者产生浓厚的继续听下去的欲望，把握好会场气氛，进而让听众跟上自己的思维。

演讲前要做好九个步骤的准备

在生活中，人们常说"磨刀不误砍柴工""工欲善其事，必先利其器"，做任何事，有备才能无患，演讲也是如此。其实在现实中，很多场合下的演讲都是经过精心准备的，比如开会时的侃侃而谈，之前都会好好准备一番。

有人曾问美国第28任总统伍德罗·威尔逊："准备一份10分钟的讲稿，得花多少时间？"他回答："两个礼拜。""那准备一小时的演讲稿呢？""一个礼拜。""如果准备两小时的讲稿呢？""不用准备，马上就可以讲。"这就启示我们，内容上越是高度凝练的演讲，越是要认真思考，做足准备。

可见，我们要有备而言，选择合适的词句表达自己的思想。具体来说，在演讲前，需要遵循九个步骤。

第一步：明确目的。

这是演讲前最重要的一步，目的明确，听众才能领略要义，否则，让听众猜测你到底在说什么，只会让他们失去耐心。

第二步：分析听众。

常言道："知己知彼，百战不殆。"对听众的了解要从其职业、年龄、性格、爱好、文化背景和意愿等各方面展开，同时也要了解他们是主动来听还是被动来听。

第三步：收集材料。

一旦确定了演讲的主题，了解了听众的相关情况后，接下来就是要收集足够多的资料作为演讲素材。

收集材料的方法有很多，可以通过阅读书籍、阅读文献、网络搜寻或者实地考察等方式，记住，资料越丰富越好。

第四步：概括观点。

观点通常是一句或几句简短的话，因而在表达观点时必须用尽可能短的句式概括，无论是演讲的题目还是分论点，都尽量不要烦琐，力求简洁明了。

第五步：列出提纲。

提纲是整个演讲的灵魂。无论是带稿演讲还是脱稿演讲，都离不开提纲，而且演讲的提纲越精练越好。也就是说，可以把演讲目的分成几个层次，按照一定的内在逻辑关系组织和排列，这能让演讲更令人信服。

第六步：添加论据。

对手头已经收集到的资料，我们要根据自己的演讲目的进行筛选，要了解哪些是有用的，哪些是可有可无的，以使得演讲更有说服力。

第七步：设计好开场白。

演讲的开头，是演讲中最为重要的部分之一。好的开头，就让演讲成功了一半，能为全篇演讲定下基调，是庄重严肃，还是喜庆欢快，抑或诙谐幽默，往往一开始就给人以清晰的印象。

第八步：准备好必要的展示物。

这样做是为了让听众更好地理解演讲内容，以加深听众的理解，而需要明白的是，展示物不是必要的，可以根据讲话内容的需要进行准备。

第九步：控制好时间。

演讲是无讲话稿约束和限制的，就很容易使讲话者陷入侃侃而谈而忽视时间的境地。为此，我们在做准备工作时要有时间上的概念。

如果你要陈述的部分真的有很多内容，最好的办法是在演讲结束时再做一个简单的概括。

一天，卡耐基去拜访一家公司的总经理，当卡耐基到达那里时，他看到这间办公室的门牌上写的是陌生的名字，卡耐基就询问这家公司的人事组长。人事组长是卡耐基熟识的一个老朋友，他说："他的名字坑了他。"

"他的名字？"卡耐基吃了一惊，不知道什么意思，便继续问，"他不是掌管这家公司的董事之一吗？"

"我说的是他的绰号，你大概不知道他的绰号是'他现在在哪里'吧。在我们公司，大家叫他'他现在在哪里·钟斯'。他担任总经理职务不久后，就被换掉了，因为他虽然是总经理，却总不肯花心思去研究公司的业务和运转情况，经常这里窜一下，那里窜一下，一天到晚跑来跑去。在他看来，研究一场买卖远没有去速记员那儿拿张纸重要，他几乎很少在办公室，所以就有了这个'他现在在哪里'的绰号。"

"他现在在哪里·钟斯"其实与生活中的不少演讲者相似，这些演讲者之所以不成功，就是和钟斯先生一样，想去包揽更多的事。假如你去听他们的演讲，估计也会听着听着就产生'他现在在哪里'的想法。

我们也要承认,一些有丰富演讲经历的人也会犯类似的错误,可能是因为他们富有才华,以至于根本看不到精力分散的坏处。我们应该在演讲时紧扣主题,控制时间。

那么,如何计算自己的演讲时间呢?在这提供一个参考数据:正常语速讲话每分钟200字左右。按这个数据,可以结合自身的情况,根据你说话的速度酌情增减演讲稿的字数。

第3章

发声训练,让语言鲜活明亮

演讲的重点在于"讲"。演讲本来就是一门语言艺术,要获得良好的演讲效果,平时不仅要做到语言知识的积累,还要把握一些演讲技巧,尤其要进行发声能力的训练,这包括如何把握演讲的语调、节奏和语速。实际上,任何一个演讲高手都懂得在抑扬顿挫中抓住听众的耳朵,让听众彻底被他们的声音感动。同样,我们要想成为一个有实力的演说家,必定要同时兼备超凡脱俗的智慧、深刻广博的思想内容和完美的演讲技巧!

声音厚重洪亮，令听众产生好感

语言是最重要的交际工具，说话风格也能反映一个人的魅力和性格特点。心理学家认为，性格外向的人，说话声音洪亮而粗犷；性格内向的人，讲话的声调柔和而谨慎。人们更愿意与说话声音洪亮的人打交道，因为他们大多活泼开朗、为人正直，值得信赖。同时，在初次接触的过程中，人们也更容易对声音洪亮的人产生好感。

在演讲中也是如此。我们给听众什么样的印象，决定了他们是否接纳我们的观点，是否愿意按照我们的号召采取行动。对演讲者来说，自信心尤为重要，而演讲者的自信一般体现在说话的音量上，一个说话掷地有声、不卑不亢的人，才能清晰、准确地传达自己的观点，才能让听众接受。

面对众人说话时，一个人说得是否到位，关键问题还在于其心理素质是否过硬，也就是自信与否，而展现在听众面前的一个重要方面就是说话的声音。估计任何出色的演讲者都有过这样的经验：在初次演讲时，会因为紧张而不敢大声说话，甚至说话语无伦次。这些人之所以能成功，不是因为在多次的演讲中消除了紧张，而是因为他们把紧张的程度控制在最小的范围之内。试想，如果一个人连基本的心理调节都不能做到，又谈何说服听众呢？

一家公司有一套独特的用人方法，为了做到人尽其才，人事部门采用了以嗓音大小来考察应聘人员素质优劣的"说话声音考试法"。

公司会事先准备好一篇文章，让前来求职的人轮流朗读；或者来到大街上，让参加应聘的人员站在人群拥挤的车站前谈自己的经历。考官们则站在50~100米的地方，确认应聘者的声音能传多远。

接着，考官们会在公司的某个房间内，让应聘者打电话，接电话的人会根据应聘者声音的大小、语言的运用、谈话的方式来决定是否录用。

这项考试的重点是考查应聘者讲话声音的大小，讲起话来有无思想顾虑。同时，考察他是原封不动地转达书中或别人的谈话内容，还是将这些内容变成自己的东西后，再用自己的话表达出来。

这项考试的主要目的，是考察应聘者有没有自信心和创造力，而这些正是新员工走上岗位干好工作、为公司的发展做出贡献的基本前提。

这家公司的总裁认为，说话声音洪亮的人是充满自信的人，具有出色的领导才能，能将工作做得井井有条。

从这家公司特殊的用人规则上，我们可以看出，说话时声音饱满、洪亮，在第一印象中有很强的重要性。

不过，在演讲中出现一些负面心理也是在所难免的，如果你能在演讲中做好心理调节，把注意力集中到演讲的要点上，就能在增强自信、自我放松的同时，以洪亮的声音吸引听众，赢得听众的关注。

一般来说，一个人的声音是否洪亮，是由两个要素决定的。

1.音量

音量是指声音的强弱、大小。一些人在与人说话时，控制不好自己的音量，造成了两种极端情况，一种是音量过大，造成身体消耗大，又不能恰当地表明自己的想法；另一种是音量过小，是一种不自信的表现，也不容易让听者听清。

正是因为有这两种情况的出现，音量的把握也需要一定的训练，在训练的过程中要注意四点。

①无论你处于什么样的场合，音量都要适中；

②要遵循一个原则，讲话时要让听众毫不费力地听清，因此，如果空间大，人数多，可适当提高音量；

③要根据说话的氛围和情感基调来确定音量；

④根据朗诵内容的长短来确定音量的大小。内容较短，一般来说，音量可以稍大；如果内容较长，音量可以稍小。这样做的好处是保护自己的嗓音，因为长时间大声说话会使嗓音嘶哑。

2.音高

在了解音高这一含义之前，先要了解音域，它指的是乐器或人声能发出的最低音到最高音之间的范围。音高，是指人讲话时声音的高度。

人发声器官的主要组成部分是声带，每个人的声带条件是不同的，因此，发音技巧不同，音域不同，音高也就不同。

需要注意的是，每个人的音高也是可以把握好的，尤其是在起音时，不应太高或太低。起音太高或太低，会给后面的讲话带来困难，或者高得说下不去，或者低得听不清楚。一旦不小心出现了起音偏高或偏低，应及时调整。

切记，一定要放松自己，不要矫枉过正，更不要只注意发音的形式，而忘了演讲的内容，这就本末倒置了。

总之，说话时，让震动在口腔、鼻腔甚至胸腔得到共鸣、放大，自己的声音才会饱满、圆润、高扬。

语速快慢有序，把握节奏

在生活中，人们说话都有轻重快慢之分。一般来说，重要的词语或需要强调的内容说得重些，句子中的辅助成分或平淡的内容说得轻些。而对于演讲，演讲者只有说话轻重缓急适宜，吐字清晰有力，才能使语意分明，声音变化丰富，语气生动活泼，信息重点突出，从而引起听者的注意，引导听者的思路，易于被人理解和接受。说话太轻，容易使听者减少兴趣；太重，也容易给听者突兀的感觉。

要达到这一效果，需要演讲者在语速、节奏、吐字三个方面努力。

第一方面，语速。说话的速度也是演讲的要素。为了营造沉着的气氛，说话稍微慢点是很重要的。标准大致为5分钟讲完3000字左右的稿子。不过，要注意的是，倘若从头至尾一直以相同的速度来演讲，听众是会昏昏欲睡的。

演讲的速度一般可分为快速、中速、慢速三种。

①快速：叙述事情的急剧变化，用于质问、斥责、雄辩、表态等情境，刻画急促、紧张、激动、惊惧、愤恨、欢畅、兴奋等情绪；

②中速：用于一般性说明和叙述感情变化不大的事情；

③慢速：用于抒情、议论，叙述平静、庄重的事情。

演讲要运用恰当的语速说话，在需要快说时，语速流畅，不急促，使人听得明白；在需要慢说时，不能拖沓，要声声入耳。语速徐疾、快慢有节，才能使语言富于节奏感。听者处在良好的倾听环境里，才能不疲劳，而且感受到语言的感染力。

第二方面，培养恰如其分的节奏。除了语速，演讲的节奏也是关系成败的一个重要因素。人们在说话、朗读和演讲中，速度的快与慢、情绪的张与弛、语调的起与伏、音量的轻与重等，变化对比，就形成了节奏。节奏在演讲中起着重要作用。

节奏不是外加的东西，它取决于说话的内容和交谈双方的语境，靠起伏的思绪遣词造句，靠波动的情感多层演进。

节奏主要表现为人心理的运动变化，不同的口语节奏具有不同的形象内涵和不同的感情色彩。适当的节奏有助于表情达意，使口语富于韵律的美感，加强刺激的强度。

在演讲中，常见的节奏有持重型、轻快型、急促型、平缓型和低抑型等。

别忘了演讲中也有标点符号，适当的停顿不仅会显得张弛结合，同时能给听众提供理解回味的时间，集中他们的注意力。另外，掌握节奏的快慢有助于控制演讲的时间，同时也是传递感情的一种方式。

第三方面，吐字清晰有力。演讲的语言从口语表述角度看，必须做到发音正确、清晰、优美，词句流利、准确、易懂。

1.发音正确、清晰、优美

演讲对发音的要求很高，既要能准确地表达出丰富的思想感情，又要悦耳爽心，清晰优美。为此，演讲者必须认真研究发音，努力使自己的声音达到最佳状态。

一般来说，最佳发言有四个特征。

①准确清晰，即吐字正确清楚，语气得当，节奏自然；

②清亮圆润，即声音洪亮清脆，铿锵有力，悦耳动听；

③富于变化，即区分轻重缓急，随感情变化而变化；

④有传达力和感染力，即声音有一定响度和力度，使在场听众都能听真切，听明白。

演讲常见的毛病有声音颤抖，飘忽不定；大声喊叫，音量过高；音节含糊，夹杂明显的气息声；声音忽高忽低，平衡失度；朗诵腔调，生硬呆板等。所有这些，都会影响听众对演讲内容的理解。

2.词句流利、准确、易懂

演讲者借助语言发出的信息,听众要立即能理解。口语与书面语之间有较明显的差距。有人说,书面语最后被理解,而口语则需立即被听懂。

总之,演讲者应根据说话的内容,该轻则轻,该重则重;当快则快,当慢则慢,使人感到音节错落有致,舒服畅快。

语调抑扬顿挫,渲染情感

有人说,最能透露人的个性的,就是声音,正如希腊哲学家苏格拉底说:"请开口说话,我才能看清你。"声音是一种内在的剖白,因此,你的声音中可能会透露出畏惧、犹豫和缺乏自信,也可能透露出喜悦、果断和热情。说话的声音,只有渗进人们心中,才能达到让别人信服的目的。事实上,一个人说话时给人的印象,肢体动作占55%,语调占38%,内容只占7%。因此,说话时的语调非常重要。

语调,就是说话的腔调。从严格定义上说,语调是整句话和整句话中某个语言片段在语音上的抑扬顿挫,包括全句或句中某一片段音调的高低变化,说话的快慢(即音的长短和停顿)和轻重等。在演讲中,语调往往比语义能传递更多的信息,能对听众的心理产生极其微妙的作用,因而也更为重要。

在演讲中,如果台上的演说者都使用一个语调,全程没有任何起伏，听众就会觉得很枯燥。就像听歌，如果一首歌曲的旋律非常优美，抑扬顿挫，大家就会觉得好听；如果从头到尾都是一个调子，人们就没有听的兴趣了。演讲也是如此，如果你的语调一直没有任何波动，听众的兴趣也就到了尽头。

演讲者需要明白的是，一场演讲，只有将话说到听众心中，才能达到良好的演讲效果。同样一句话，由于语调轻重、语速、急缓等的不同变化，在不同的语境里可以表达出种种不同的思想感情。一般来讲，表达坚定、果敢、豪迈、愤怒的思想感情，语气急骤，声音较重；表达幸福、温暖、体贴、欣慰的思想感情，语气舒缓，声音较轻；表达优雅、庄重、满足的思想感情，语调前后减弱中间强。只有这样，才能绘声绘色，传情达意。

一个高明的演讲者，能准确把握各种语调的变化，且巧妙地加以运用。在演讲时，如果只是抓住了字词的表面意义，无法起到感染听众的作用，为此，我们应该充分地表达这些字词的意义，这样感情才能充分地表露。那么，怎样才能使语调生动有趣呢？

1.掌握富有特色的各种句调

一句话之所以富有表现力，是因为它的富于变化性——高低不同，快慢不一。声音的高低是可以改变的。因此，才有了句调的概念，即一句话声音的高低变化。句调是语调中主要的内容，可分为升调、降调、曲调、平调四种。升、降、曲、平四调，各具特色。只有掌握了句调的特点，才能灵活地表达出各种句调。

在演讲时，要使我们的话如同音乐一样动听，就要注意快、慢、高、低。例如，在表示有疑问时，你可以稍微提高句尾的声音；要强调时，声音的起伏可以更大些；要表现强烈的感情时，可以把语调降低或逐渐提高。

2.让你的语调抑扬顿挫

语调越多样化，越生动活泼，其吸引力就越大。分寸感是语调正确的首要条件。每句话都可以用不同的语调来说，而不同的语调给对方的信息刺激也是不同的。同样一句话，由于语调不同，就可能让人有不同的理解。

总之，在演讲时，绝对不要让你的语气单调。你的热情会在语调的变化中展现，而且能够感染听者，从而产生说服听众、震慑人心的力量。

语气拿捏到位，准确表露情感

语气能够表达说话人对某一行为或事情的看法和态度，因此，在演讲时，我们应该将语气拿捏到位，才能表露自己的内心情感。

一个人说话的语气会让这句话传达的情感更加丰富。当别人笑着很亲切地说："真是一个混蛋！"你可以把这句话当成是一个玩笑，而同样是这句话，当人们咬牙切齿地说出来时，你就要认真对待了，否则很可能会导致一场冲突。很多时候，一句话不是光用耳朵听就可以明白的，还需要用眼睛去看，用心去想，最终才能理解这句话的含义。

心理学家认为，在人与人的沟通中，无声语言展现出的意义，要比有声语言多得多，而且深刻得多。语气就属于一种无声语言。

除了可以表达明确的情感信息，语气在表意方面往往也会产生意蕴言外的特殊效果。在日常工作中，不少人往往能通过语言准确地表达自己的情感，这通常与其采用的语气息息相关。同样，在演讲中，也可以运用语气表露情感和讲话目的。

文学大师郭沫若曾创作过一部历史剧，名叫《屈原》。抗日战争时期，郭沫若先生曾在台下看《屈原》的演出。

台上，婵娟痛斥宋玉："宋玉，我特别恨你，你辜负了先生的教训，你是没有骨气的文人！"

郭老听后，感到"你是没有骨气的文人"这句话还没有达到足够的分量，就走到后台去找扮演"婵娟"的演员商量："你看，在'没有骨气的'后面加上'无耻的'三个字，是不是分量会重些？"

这时，正在一旁化妆垂钓者的演员脑袋一转，突发奇想，插了话："不如把'你是'改为'你这'，'你这没有骨气的文人'，这就够味了。"郭老拍手叫绝，连称："好！好！"

只不过是一字之改，就使原来的陈述句变成了态度坚决的判断句，从而强化了语言的感情色彩，让语气也更加有力。婵娟的愤怒之情溢于言表，这样的语言也更容易激发观众的憎恨情绪，达到触动观众内心的目的。

可见，一个人在面对不同的对象时，需要恰当地使用相应的语气，这样就能够准确地表达自己的真实心理，继而有效地影响他人的心理。

语气具体包含了三个要点：一是语气以内心的感情色彩为灵魂、为神；二是语气以具体的声音为载体、为形；三是语气存在于一个个具有语境的语句当中。

如果说语音是语言的物质外壳，那么语气就是表达必须依靠的支持物。语气对演讲来说尤为重要，因为恰到好处的语气能帮我们更准确地表达出自己的思想感情。

在语言表达过程中，语气通常能够直接反映我们的情绪和精神状态，只有语气拿捏到位，才能彰显出语言应有的表现力。例如，使用喜悦的语气，就表明本人心中的喜悦之情；使用愤怒的语气，则会反映出内心的愤怒之意；使用生硬的语气，就表明本人内心有不悦之感；使用埋怨的语气，就表明当事人心中有着满腹牢骚。由此可见，语气很多时候在无意之中就泄露了心中的秘密。换个角度，我们在讲话时，如果能将语气拿捏到位，也就能更准确地表达自己的真实情感了。

那么，在演讲中，我们该运用怎样的语气说话呢？

1.信任语气

每个人都希望得到别人的信任，如果你在说话时表现出充分的信任，语气这时就能起到语言难以表达的作用。例如，你可以鼓励听众："你一定可以成功的。"这就给了听众一份自信，肯定的语气也会将自己的真实情感传达给听众。

2.鼓励语气

这与很多人参与演讲的目的相吻合，如鼓励听众去采取某种行动，给听众鼓励和期望，更易触动其内心。

3.赞赏语气

听众也是由单个的人组成的，所以也是有弱点的，人们都爱听赞赏的话，谁也无法拒绝赞赏，可前提必须是真诚的。如果你毫无来由地对听众献殷勤，说一些肉麻的话，如"各位是我曾面对过的最有智慧的听众"，是会被大多数的听众厌恶的。

4.商量的语气

你作为演讲者站在众人面前，不代表你可以命令听众去做什么，如果你传达出的语气是冰冷、居高临下的，这会伤害众的自尊心，也不会得到听众的支持。

5.尊重的语气

每个人都渴望被尊重，因此，我们在表达时应该尽量使用尊重的语气。

总之，在演讲的过程中，我们不但要注意遣词造句，而且需要考虑用怎样的语气表达，这样说话才准确、鲜明、生动，更容易获得听众的支持。

语言凝练，字字珠玑

在生活中，如果我们仔细观察就会发现，有的人说话言简意赅，句句说到点子上，能击中问题的要害，很快营造强大的气场。而有的人尽管说了很多，却让人听着云里雾里，不断地打擦边球，根本没有涉及核心问题。事实上，不是态度上有差异，而是因为表达能力不一样。会表达的人往往能做到语言凝练，字字珠玑，绝不啰唆重复。

事实上，演讲也是如此。任何人发表演讲的目的，就是要吸引、说服、鼓动、感召听众，只有能引起听众共鸣的演讲，才是成功的演讲，这一点也是我们最关注的问题。任何一个好的演讲者，都很注重演讲语言的修炼，尽量在演讲中做到语言凝练，字字珠玑，以传达给听众最实用的信息。相反，如果为了能让听众接收到更多的演说信息而不顾听众的感受，一味地表达自己的观点，结果只能是事与愿违，让听众产生不耐烦的情绪。

那么，我们该如何凝练演讲的语言呢？

1.有的放矢，了解你要表达的主要内容

任何问题都有中心和重点，找到了这个中心和重点之后，演讲时才能有的放矢，才能知道什么话该说，什么话不该说。因此，迅速找准演讲的中心是言简意赅的前提和基础。否则，眉毛胡子一把抓，只能惹人厌烦。

2.有选择性地说话，做到表达清晰稳重、不啰唆

语言表达的轻重缓急也是很有讲究的，该让对方听清的地方就要缓一些，不重要的信息就可以一句带过。如果连珠炮似的大讲一通，对方就会感到一种压迫感，从而心生不信任。

要想使说话不啰唆，其实只需拣重点说就行，其他的次要内容，要么不提，要么一句话带过，只有这样才能保证你的发言在最短的时间之内收到最好的效果。否则，即使你滔滔不绝地谈论半天，听者还是不知道你发言的目的。

3.少说口头禅

现实生活中，每个人几乎不可避免都会有自己的口头禅。这些自己根本没注意到的习惯，在日常交际中不会对我们造成多少危害，可演讲者如果把这些语言习惯带到演讲中，就会带给听众一些负面情绪。

（1）"听说""据说""听人说"

这一口头语会让听众觉得你演讲的真实度不够，试想，谁会真正相信道听途说的语言呢？

（2）"说真的""老实说""的确""不骗你"

演讲中如果有这种口头禅，会让听众觉得你说话急躁。

（3）"啊""呀""这个""这个""嗯"

人们在词汇少或是思维慢时，常会利用这些词作为间歇的方法。而领导者在演讲中，如果常带有这种口头禅，会给人一种反应较迟钝的印象。

（4）"可能是吧""或许是吧""大概是吧"

这些口头禅体现的是对自己言谈内容的极为不确定，也会给听众留下不可信任的印象。

可见，口头禅是演讲中的大忌。因此，我们应将凝练演讲语言作为培养和锻炼自身的语言组织和表达能力的重要方面，应尽可能地用最清晰、简明的语言给听众传达相关信息。

4.偶尔停顿、适时沉默

任何沟通都是双向的。赢得人心需要好口才，但绝不可卖弄口才。有些人总希望用出色的口才让听众产生信任，却忽略了一点，即人们通常会认为那些巧舌如簧的人是不值得信任的。因此，在演讲中，你需要偶尔停顿。

总之，你若希望自己在演讲中的语言有震慑力，就要在日常生活中多锻炼自己的说话能力，毕竟，世上无难事，只怕有心人。平日里多注意，多锻炼，定可以达到言简意赅、字字珠玑的效果，一出口就能击中要害。持久的练习是重要的手段。

修饰声线，让听众听得动容

任何人在公共场合说的每一句话，既向听众传递着信息，又在表达个人的思想观点。要想达到自己想要的演讲效果，不仅要在语言的组织形式上下一番功夫，更需要在声音上做必要的整顿。

然而，我们发现，不少人在与人交流、说话乃至公共场合演讲的过程中，没有意识到自己的声音有问题，反而自我感觉良好，还有些人认为人的声音是天生的。实则不然，任何一种说话习惯都是逐渐养成的，只要我们愿意主动纠正不良的说话习惯，势必会取得一定效果。

为了能够达到理想中的声音效果，我们不妨从四个方面入手。

1.选择适合的音调

一般情况下，不疾不徐的速度，中等大小的音量更能够给人一种亲切自然和自信的感觉；过高的分贝、过快的语速会显得说话的人性格过于急躁，心无城府，过于幼稚和偏执，会让人产生厌恶的情绪；说话的音量过小，语速缓慢，这样的人就可能是没有自信，优柔寡断，看待事情比较悲观，处理事情放不开手脚。一个人的语调能反映出一个人的内心世界、情感和态度。

因此，在谈论一个话题时，要保持说话的语调与内容相符合。例如，在讲述故事时可以选择娓娓道来的形式，表达决心时可以气运丹田，让声音显得浑厚而又响亮。要想做到音调合适，还需注意四个细节。

①说话干脆利落，不拖泥带水；

②劝说他人时要诚恳委婉，不能用命令的口吻；

③传递信息时，要准确完善，不能遗漏和误传；

④发起倡议时适当提高分贝，使语言增加力度；

2.选择适合自己的音色

每个人都有着和别人不同的面孔,每个人的音色也不尽相同。音色无论嘹亮或低沉,还是单一和浑厚,既然属于声音"颜色"的范围,需要美化和加工。我们都要选择让自己和他人都满意的音色。当和朋友谈话时,切忌声音的大起大落,以免别人的心理无法承受这急剧的变化,从而产生疑惑。说话的关键是发音,哪怕谈论的内容长篇大论,也都是由一个个词语衔接而成,将这一个个元素贯穿为一体并使其产生变化的,就是适当的重音和语调。音色就像一篇文章中的修辞,起着十分重要的作用。

3.把握说话的音量

噪声对人的心灵有污染作用。在生活中,一个人说话的声音过大,就会让人产生反感,认为是装腔作势或者是色厉内荏。而音量太小也未必能够引起人们的喜欢,听起来过于费劲,又让人觉得你是一个怯弱的人。由于听者所处的远近不同,谈话者所处的环境各异,因而要注意找到与不同场合相适应的音量,以让人听得清楚而又不产生厌烦心情为原则。

4.声情并茂

古人说生于情发于声,就是强调说话时要注意感情的因素,声音只是传递的工具,它的源头是人的内心的情感。声音、语调、词汇等元素都是为感情服务的。如果声音失去了感情的依托,就会变得空洞,犹如失去了水源的枯木,毫无生机可言。因而在说话时,要注意用感情去感染和打动听众,只有充满感情的文章才是好文章,也只有充满感情的谈话才是成功的谈话。

总之,声音对演讲的效果有着重要的作用,不同的声音将产生不同的效果。一句话起什么作用,产生什么效果,给听众什么感受,很大程度上取决于演讲者的声音。

勤做活舌操,能让你口齿伶俐

无论是老师、培训师,还是专业的演讲者,都需要在公共场合说话,也都一定希望自己有一副三寸不烂之舌,讲起话来口齿流利、娓娓动听。然而,在现实生活中,常常有一些人因为口齿不清楚而在公共场合闹笑话。要想让自己练就巧舌如簧的口才,其实可以从做活舌操开始。

杰妮今年30岁,已经是一名优秀的企业培训师了,目前,她为各大型企业做员工培训,经常往返于各大城市之间。有一次在演讲时,一位学生向她提出问题:"杰妮老师,你的口才是怎样练成的呢?感觉你的语言很有感染力。"

杰妮回答:"任何有口才的人都不是天生就善于说话的,也没有谁天生适合做演讲,可以说,好的口才都是历练而来的。我记得我在上中学时,还是个一上演讲台就语无伦次的人,即使是课堂发言,我也会战战兢兢,甚至一站起来就哆哆嗦嗦,完全说不出话来,还被同学们笑话过。到大学时需要考普通话等级，我才意识到说话的重要性，可是我的语言能力太差了，所以我尝试着一个人去后山读书，虽然是刻意地训练，却好像没什么效果。再后来，我在网上看到一个训练口才的方法——活舌操，我觉得很新奇，就尝试着按照活舌操的几个步骤练习，两个月以后，我发现自己说话舌头好像也不打架了，口齿伶俐了，自然也就自信了很多。即使是现在，我也经常做活舌操，我觉得人的嘴就像一台机器，长期不用的话是会生锈的，活舌操大概就是能推动机器运转的动力吧。"

在杰妮的故事中，我们看到了活舌操对口才训练起到的作用。的确，对于杰妮这样靠嘴吃饭的人，如果没有一副好的口才，是无法得到好的职业发展的。

大家都认识到了口才的重要性，然而，很多演讲者都感到疑惑，怎样才能让自己变得能说会道呢？其实，活舌操就是一个练就口才的好方法。

活舌操是口语表达训练里的一个重要环节，是能锻炼舌肌的口腔操，坚持久了定会口齿清晰流畅。

请学习七节活舌操，每天早中晚至少练三次，每节操练8~32次，这能让你舌头健康、语言流畅，提高沟通效果。

第一节：微微张开嘴巴，舌尖抵上齿背沿上腭向后钩。

第二节：舌尖抵下齿背，舌面拱起沿上齿往外突，同时，用上齿轻叩舌面。

第三节：双唇紧闭，舌尖顶左腮右腮，左右开弓，由慢到快。

第四节：舌头沿上下齿外围转圈，顺时针转几圈，再反时针转几圈。

第五节：将舌头伸出嘴外，舌尖向上卷，目标是够鼻尖。

第六节：嘴张开，让出空间让舌头做伸缩运动，做弹舌状。

第七节：嘴半张，伸出舌头做水平横向运动，使两边舌缘分别触到两边嘴角。

当然，活舌操的练习要求严肃认真、一丝不苟，活舌操不仅能训练口才，还能使口气清新，说话时表情生动，增强语言的感染力。

朗读式训练，让你快速进入演讲角色

在现实生活中，可能不少演讲者，尤其是那些初学演讲的人都会有这样的苦恼：为什么别人站在讲台上能侃侃而谈，而自己却做不到呢？也许很多人都希望自己能拥有一副好口才，能拥有在演讲台上打动他人的本领。要想真正打动听众，在训练演讲口才时就不能忽视将自己融入演说之中。如果以旁观者的态度说话，即使再巧舌如簧，也是无法感染听众的。那么，怎样才能让自己快速进入角色呢？很多演讲大师都会推荐朗读式训练法。

朗读是一遍遍地念，直到读熟为止。在朗读训练的同时，体会作者的思想感情，感悟作者的写作方法，有助于我们快速进入演讲角色。很多名人都采用过大声朗读的方法训练自己的口才，如林肯。朗读是林肯从演说家迈向总统宝座的成功之路。

美国前总统林肯天生说话有口吃，可他自从立志要做律师之后，就深深了解了口才的重要性，所以他每天到海边对着大海练习演讲。经过千万遍的练习，林肯不仅成为一位名声斐然的律师，而且踏入政界，成为美国有史以来最为人怀念的一位总统。现在提到林肯，都记得他留下的脍炙人口的葛底斯堡演讲词，却很少有人记得他曾患有口吃，说话比一般人都费劲。

林肯朗读的毅力是惊人的。他25岁就当选州议员，47岁成为副总统候选人，52岁担任总统进入白宫，一直在坚持朗读优秀文学作品。即使在南北战争那段最繁忙的岁月里，他都会忙里偷闲地朗读。

的确，朗读能保持语言的连贯性，可以不断提高大脑皮层和发音器官的协调能力，有助于矫正口吃。

那么，什么是朗读呢？

朗读是我们在已经熟识作品的基础上，利用有声语言对作品进行艺术的再创作。为此，我们有必要深刻把握作品，进而通过发声技巧及节奏、语调的综合运用进行艺术再现。这需要我们进行一定的训练才能达到。

朗读式训练方法就是这样一种有成效的方法，包括低声读、高声读、快速读、模仿角色读、面对听众读等。

1.低声读

这种方法常用在读优秀的诗歌、散文、戏剧和小说片段中。朗读要求是低声慢读、细读，这样才能领会作品的内容、作者的意图，领会到作者是如何传情达意的，以及能细细揣摩作者传情达意的文字技巧和表现方法。

2.高声读

这种方法能领会作者传达的内在情感和蕴意，在诵读的基础上背诵佳句、佳段甚至全文全篇，不仅能加深记忆，还能加深对文章的理解。

3.快速读

在限定的时间内快速诵读作品，且逐次加快速度，最后做到一气呵成。它可以训练高度灵敏的思维、极好的记忆和优秀的口才。

4.模仿角色读

在阅读文学作品时，自己模仿演员扮演角色，揣摩各种人物的语气、语调、心态和神情，能让自己快速进入角色，找到身临其境的感觉。

5.面对听众读

面对听众读是要求你面对听众（如你的同学或是家人）有声有色地朗读。

第4章

逻辑训练，告别混乱，提升说服力

演讲的过程就是选定演讲主题，再根据主题寻找材料，然后处理原始材料，进而形成成品的过程。在这一处理材料的过程中，最重要的就是要遵循一定的逻辑思维顺序，只有这样，在开口后才能条理分明、结构清晰，才能说服听众，最终获得听众的支持，而不至于手忙脚乱、不知从何说起。

列好大纲框架,总体设计演讲思路

演讲是一门艺术,好的演讲能激发听众的情绪、赢得听众的好感,而演讲者若希望演讲真正起到打动人心的作用,就要做到演讲时思想丰富、深刻,见解精辟,有独到之处,发人深思,语言表达要形象、生动,富有感染力。事实上,任何一个演讲高手都知道,在演讲前要做足准备工作,其中最重要的一点就是要在头脑中列好演讲的大纲和框架,因为他们明白,如果语言平淡无味,观点毫无新意,即使在现场"演"得再卖力,效果也不会好。

不难理解,列演讲的大纲和框架,指的就是预先总体设计演讲思路,是对演讲方式、过程、意图等的架构。

35岁的小耿是一家大型商场的工作人员,最近,他被提拔了,从商场的楼层主管晋升为经理。升职的第一天,公司领导交给他的第一个任务是做一次就职演说。这对学历不高、木讷的小耿来说可是个难题,他花了将近十天的时间来准备这次演讲。他写了很多演讲稿,可他认为,要想打动听众,还是要用真诚,所以这一天,他走上公司的会议大厅,对着所有的同事和领导说:

"尊敬的各位领导、各位同仁！

"虽然我到商场的时间不长，但在这短短的半个月里，我已深深地感受到这个大家庭的温暖，看到了商场的发展前景。我也坚信我能做好这份工作，感谢公司给了我这样一个实现自我价值的舞台，在未来的日子里，我将继续努力，更加努力地工作，更加刻苦学习，做一个合格的经理。希望大家相信我、信任我，给我一次机会，我将在新的岗位上勤勤恳恳工作，认认真真做事，不辜负领导和同志们的希望和重托，将自己的每一分光和热都融化到事业中，脚踏实地地干出一番事业。

"最后，我希望用你们的信任和我的努力作支撑，共铸商场明天的辉煌！谢谢大家！"

这番演讲表达了一个职场新人对做好未来工作的坚定决心，可谓至真至诚，自然能打动人心，获得同事和领导的支持。

具体来说，我们该如何构思演讲的环节和内容呢？这需要我们从三个方面努力。

1.构思整体内容

构思首先要从整体把握，这就要我们根据演讲的目的和场景，确定演讲的主题，再搜罗那些能验证观点的材料。在构思的过程中，分析与加工材料，确定哪些材料可以用，哪些不可用，以及哪些加工后才能用，从而使演讲的主题建立在充分证据的基础上，这样不但会让演讲内容更充实，也会让自己在演讲时心境更放松、更有自信。

2.构思演讲的过程与结构

一场好的演讲在结构上必定是气势磅礴的,也就是说,好的形式很重要,而内容只是其中一个方面而已。而我们也发现,即便是一模一样的演讲内容,被不同的演讲者演讲,产生的效果也是差之千里的,这是为什么呢?

这是因为他们处理讲话结构的方式不同。一场绝妙的演讲包括开场白、中间部分和收尾,人们常常将这三个部分形象地描述为"凤头、猪肚、豹尾"。

在构思这三个部分时,需要注意的是,对第一部分,不可操之过急,而应该先将听众的注意力吸引过来,再展开内容,这一部分要求语言设计巧妙,有吸引人的强烈效果。中间部分则应该层层递进,不断制造高潮,控制听众的思绪,同时语言要充实、舒展,能完整、准确地表达出要表达的内容。结尾部分则应该用简洁有力的话语迅速收住,不拖泥带水。

3.构思关键环节

演讲要引人入胜,还必须巧妙设计一些关键环节。

这里的关键环节,要么是对观众兴致的激扬,要么是对演讲内容的强调。幽默、悬念、辩论等话语,能够让观众高兴、为观众提神,这类话语在整个演讲进程中合理分布,可以让观众处于持续的兴奋状态,是激发兴趣的关键点。而需要观众认真去听的内容,则可以通过重音、敲击声,以及通过向观众提问来提醒他们注意。

总之,是否认真构思,是否列好框架和大纲,将直接影响演讲的水平与效果。脉络清晰，构思详细、准确，演讲将更流畅、更充实，否则难免在演讲中出现各种纰漏。

理清逻辑结构，让表达更有条理

在演讲中，如果你想让你的演讲带给听众思路清晰、条理分明的印象，最好在演讲的过程中逐步提示重点。例如，你可以说，你有几个重点，现在你讲的是哪一点，接下来你又准备讲哪一点。

"我的第一点是……"你完全可以这样坦白地说，再说第二点，一步一步地说到结束。

经济学家保罗·H.道格拉斯也曾巧妙地运用这一方法。有一商业会议曾一度停滞不前，在会议上，他以委员税务专家和伊利诺伊州长参议员身份演讲。

"我的主题是：最迅速、最有效的行动方式是对那些几乎会用掉全部收入的中、低收入民众采取减税。"他这样开始。

"具体说……"

"进一步说……"

"此外……"

"有三个主要的理由……第一……第二……第三……"

"总而言之，我们要做的，就是立即对那些中、低收入民众实行减税，以此增加需求与购买力。"

任何一场演讲，只有逻辑结构清晰，才不至于在开场后陷入混乱，才能让听众始终跟着你的思路，看到你的专业水准。

巧妙铺垫，演讲时要善于营造气氛

任何一场演讲都有三个构成要素：演讲者、演讲内容和听众，这三个要素缺一不可。演讲者也只有把自己的演讲与听众联系起来，一场演讲才算是真的完成了。

我们要做一场成功的演讲，就要在演讲前做足准备，演讲者还要热爱自己的题目，要有真诚的态度。而要想演讲成功，还要把听众的因素考虑进去，要让听众觉得你说的很重要，光自己有热情还不够，一定要让听众感受到我们的热情，而且也变得有热情。为此，在演讲中，我们要善于巧妙铺垫、营造氛围，以带动听众的热情。

英国华威大学教育专业荣休教授肯·罗宾森曾做过名为《学校扼杀了创意吗？》的演讲，在开场三分钟内，他一直讲笑话，迅速炒热了现场的氛围。

"早安，大家好吗？这次大会实在很精彩，对吧？这一切都让我太震惊了，所以我现在要离开了。（笑声）

"我今天要在这次大会上谈的是与大会3个主题相关的问题。第一……第二……第三……我的观点是'我们的孩子本来极富有天赋，却被我们扼杀了'，所以我要谈谈孩子的教育与创意问题。我认为，在教育中，创意与知识同等重要，我们应该给予两者平等的地位。（掌声）谢谢。就这样，我说完了，非常感谢大家。（笑声）所以，还剩下15分钟。"

的确，演讲是演讲者与听众的双向交流活动。演讲者是信息的传播者，听众是信息的接受者。演讲者离开了听众就失去了对象，演讲活动就无法开展。可见，成功的演讲者既要使演讲成为听众的一部分，也要使听众成为演讲的一部分，而其中首要的，就是要了解和掌握听众的心理特点。

可见，营造良好的演讲氛围，可以调动听众的积极性，且能够很好地掌握演讲技巧。这里说的"气氛"，就是要带动听众的情绪，与听众达到一种情感的共鸣。这里的气氛，可以是活泼的，可以是热烈的，可以是庄严的……怎样营造这种氛围呢？

1.酝酿浓厚情感，以情动人

在北京的某私立学校，某位希望工程的发起者曾经来参加演讲，他还没开口，台下那些家庭条件优渥的孩子，就开始叽叽喳喳、说个不停，现场一直安静不下来。

演讲者见情形不妙，便大声喊了几句，可这种方法似乎根本不管用。于是，他叫来一个在现场的老师，关掉电闸，礼堂便突然漆黑一片，现场也随之安静了下来。

这时候，这位发起者"啪"的一声打开了幻灯机，银幕上顿时出现了那张有名的"大眼睛"照片。台下的孩子顿时睁大了眼睛，看着幻灯片上的照片。

"同学们,你们家里有没有照相机啊?"发起者突然提问道。

"有!"下面齐声回答。

"你们会不会照相?"

"会!"

这时,发起者指着一位同学问:"请你说说看,照相有什么样的意义?"

"留着做个纪念呀。"

"好,作为留念!就请大家看看老师给这些山里孩子拍的留念照片吧!"

然后,他每放映一张照片,就介绍一个失学儿童的故事。

在这里,这位演讲者就是利用讲述照片的来历,既抓住了同学们的注意力,又营造出一种与演讲内容相适应的严肃气氛,使同学们很快进入"规定情景"之中,激发了他们对贫困学生的关注和同情心。

当然,以情动人除了要求演讲者自己要动真情,还要求演讲者善于淋漓尽致地充分表达出自己的真情实感,迅速激起对方的共鸣。演讲者必须善于体察对方的心境,用饱含浓情的言辞去拨动对方的心弦。

2.打破常规

人都是有好奇心的,如果能在演讲中加入一些能引发人们兴趣的内容,势必能营造出良好的演讲氛围。为此,你需要做到打破常规,但前提是你需要尊重文化传统和思维习惯。

3.给听众看一场"秀",营造出亲切可信的气氛

有时候,演讲的真正含义不完全在"讲",还在于"演",如果能与观众互动,就会给听众以亲切、真实、可信之感,既调动起听众的热情,也自然增强了演讲的感染力。

演讲中的"营造气氛",指的是让听众跟随你的思路走,只有从主题出发,结合现场的具体情景,针对听众此时此刻的心态和情绪,灵活地调动种种语言手段,才能达到这样的效果。

总之,如果听众对演讲内容有极大的兴趣,便会采取积极、热情的合作态度;反之,则会采取冷漠甚至敌视的态度,演讲就不会成功。因此,演讲者必须在了解听众的基础上力求触发听众的兴奋点和创造欲,才能实现演讲的最终目的。而成功的演讲者在演讲前往往都会做一番铺垫,与听众互动,以营造让听众乐于倾听的氛围。

曲径通幽,戏剧性地展现想法

不少有过演讲经验的人都发现,很多时候直接向听众表达自己的想法,听众未必能接受。此时,我们不妨换个角度、戏剧性地展现自己的想法,以达到曲径通幽的目的。事实上,我们生活的这个年代,何尝又不是戏剧化的呢?仅仅用语言未必能恰当地表明我们的想法,那么我们可以运用表演的艺术使之

更加生动、有趣和戏剧化。让演讲更戏剧化，可以从语言和演讲结构两方面安排。

1.语言的戏剧化：采用对话的演讲形式

语言大师林语堂有"语言的艺术"一说，意思就是，语言不是一般的工具，不同于其他工具。俗话说："锦于心而秀于口。"说话也并非单纯的口舌之技，而是一种高度复杂的脑力劳动过程。严格地遵循一套公式，循规蹈矩，就会失去灵活性，让人感到索然无味，从而丧失了继续听下去的兴趣。我们应该学会在较短的时间内，在不同的场合应对自如。这就要求我们开动脑筋，懂得把握讲话技巧，从而提升自己的讲话水平。

如果你想讲述你怎样通过自己的努力成功地平息了一位客户的愤怒，多半情况下会说：

"前几天，我正在办公室，一位顾客突然闯了进来，他满脸愤怒，因为我们的销售员上周送过去的洗衣机在操作上出了点问题。我告诉他，售后人员会尽快帮助他解决问题，他慢慢平息了愤怒，心情开始平静，对我处理这件事的态度表示很满意。"

这样叙述一件事倒也没错，而且很详尽，却少了姓名和过程。最为重要的一点是，少了能让整个事件鲜活起来的对话，不妨修改一下这件事的叙事方式：

"就在上个星期二，我在办公室，突然，办公室的门被人打开了，我一抬起头，就看到怒气冲天的查尔斯·柏烈克珊。

他是我们公司的一位老客户了，我还没来得及跟他寒暄一番，他就劈头盖脸地说：'艾德，在我发火之前，你最好尽快派辆卡车去，把那台洗衣机给我从地下室运走。'

"我想问问到底怎么回事，他却不想回答了，只是在那儿生闷气。过了一会儿，他气呼呼地说：'那台破洗衣机根本不管用，丢进去的衣服全部纠缠在一起了，现在我的老婆快烦死它了。'

"我告诉他先坐下，容我慢慢解释。

"他的回答是：'我哪有时间坐，我马上就要上班吃早饭了，我想我以后大概再也不会在你这里买什么家电了。'他一边说，还一边愤怒地敲打桌子。

"'请听我说，查尔斯先生，你坐下来把事情慢慢告诉我，我保证，我会做你要求我做的任何事情。'听到我这样说，他的心情才算慢慢平静下来。"

当然，这并不是要求我们每次都在演讲中穿插对话，而就上例而言，如果演讲者运用对话，演讲将变得更有戏剧性，另外，如果他能模仿一下当时的场景，改变原来讲话的语气，对话就更见效果了。而且，对话是日常生活中的场景，会让演讲更为真实可信。它能让你看起来更像个有真情实感的人，是在与听众谈话，而不是像一个学富五车的人在宣读论文，或者是朝着麦克风吼叫。

2.设置悬念：演讲结构的戏剧化

每个人都有好奇的天性，一旦心中有了疑团，非得探明究竟不可。为了激起听众的强烈兴趣，可以在演讲之前，先拿出一件物品，这肯定会让在座的听众挺直身子。他们会猜想：这是要表演魔术吗？这就引起了听众的好奇心。展示的物品可以是一幅画、一张照片或任何一件其他实物，只要有助于演讲者阐述思想，能引起话题。

演讲前要想想自己的演讲内容，确定最重要的论点，再选择一种新奇、令人难忘的传达方式。有时为了加深观众的印象，你需要让他们大吃一惊。

但要注意的是，这一方法既不能频频使用，也不能悬而不决。在适当的时候应解开悬念，使听众的好奇心得到满足，也使前后内容互相照应，结构浑然一体。

总之，在演讲中，我们要想让自己的想法影响听众，就不能直接表达自己的意图，而是要学会曲径通幽、戏剧性地表达，这能帮助我们很快达到自己的目的。

引人入胜：精彩开场白的设计技巧

开场白，顾名思义，就是一开场说的话。开场白开不好就等于白开场。俗话说"好的开始是成功的一半"，所以开场白非常重要。如果在一开始就无法调动听众的兴趣，无疑对接下来的演讲会产生更大的障碍。

要想三言两语就抓住听众的心，这并非易事。其原因有二：一是站在众多人的面前，即使准备充分，也会紧张、怯场，一时不知从何说起，这样难免导致整场演讲的失败。二是虽然演讲者没有怯场，可如果表现平平，没有在一两分钟内"震住"听众，也很难有十分理想的效果。

为此，演讲大师们给出建议：一个引人入胜的开头可以帮助你吸引听众的注意力，且让他们更加投入到你的演讲中。你可以使用一个引人入胜的故事、一组有趣的数据或者一个引人入胜的问题来开头。

因此，我们有必要给出一个匠心独运的开场白，以其新颖、奇趣、敏慧之美，给听众留下深刻印象，才能立即控制场上气氛，在瞬间集中听众的注意力，从而为接下来的演讲内容搭梯架桥。

演讲开头成败的关键在于能否吸引并集中听众的注意力。演讲时获取听众注意力的方式随题材、听众和场景的不同而改变，一般可以运用事例、轶闻、经历、反诘、引言、幽默等手段达到目的。具体来说，我们该怎样使演讲的开场白精彩起来呢？

当然，演讲的开场白设计方式有很多种。

1.开门见山式开场

开宗明义、开门见山，是中国传统的写文章的方法，也符合听众的心理需求。要知道，在现代社会，谁的时间都是宝贵的，听众只有在你的演讲中有所收获，才愿意继续听下去，因此，在演讲开场就能满足听众的这一心理需求，是激发其兴趣的关键点。

2.幽默式开场

通常情况下，演讲都是正式的，我们不能因为这一原因就在演讲时端起架子，板起面孔，一本正经地演讲。其实，越是幽默轻松的开场，越能让听众愿意听下去。

的确，就演讲者来说，如果在一开始讲话就很严肃，接下去的演讲就很难活跃起来。而演讲者与听众的关系如果在开始就是疏远和有隔膜的，以后便不好拉近。因此，开场时幽默一下是有好处的，它可以使演讲者和听众都处于轻松的状态，缩短双方的距离。而且，在演讲的正题开始以前，逗乐有充分的自由，也有各种各样逗乐的题材和方式。

3.故事式开场

演讲开头是演讲者向听众出示的第一个，同时也是最重要的信号，若能以故事开场，就能成功吸引听众的注意力。

4.悬念式开场

人们都有好奇心，一旦被激发，就非要探明究竟不可。在开场白中制造悬念，能激发听众的强烈兴趣和好奇心，在适当的时候解开悬念，能使听众的好奇心得到满足，也使演讲前后照应，浑然一体。

鲍威尔·希利先生在费城的宾州运动俱乐部做过一次演讲。

"就在82年前，大概也是这个时节，在伦敦的大街小巷，大家争相讨论一本小书。这本刚出版的小书是一个故事，它一出现，就注定了永垂不朽，不少人称它为'世界上最伟大的小书'。在它刚刚问世时，相熟的几个朋友在史传德街或波莫尔街遇上时，都会随口问一句，'你读过它了吗？'回答千篇一律：'是的，上帝保佑，我读过了。'因为谁也不会错过它。

"在它出版的第一天，销量就达到了1000本。两星期之内，它的销量就达到了15000本。从那以后，它被无数次加印，被翻译成了各种文字，在其他国家发行。就在几年前，J.P.摩根以难以想象的价格购买到了这本书的原稿，现在，它正和很多其他无价之宝一起躺在J.R.摩根庄严瑰丽的艺术馆中。你可知道这本畅销于全世界的小书叫什么？"

听到这里，你是否也产生了极大的兴趣？是不是也想知道这本书的书名呢？是不是急切地想知道更多呢？你是不是觉得这段简短的开场白已经抓住了听众的注意力？这是为什么呢？因为听众的兴趣被激发了。

这就是好奇。这到底是什么书？答案是《圣诞欢歌》，作者是查尔斯·狄更斯。

可以说，制造悬念一定能引起听众的注意。

5.以事实开场

以事实开场，可以使听者从一系列触目惊心的事实中醒悟过来，形成一种"悬念"，使听者急于了解更多的情况。因此，我们在演讲时也可以选用事实为开场白，意在引起听者的注意、赢得其认同。

著名演讲教育家李燕杰在《爱情与美》的演讲中这样开场："我不是研究爱情的，但我为什么会想到要讲这么一个题目呢？北京一家公司再三邀请我去演讲，他还掏出几张纸，上面列着公司所属工厂一批员工的名单，其中大多数人因恋爱问题处理不好而陷入负面情绪无法自拔。因此，我觉得很有必要跟大家谈谈这方面的问题。"

这个故事一下子把听众的注意力集中起来，使他们感到问题的严重性和紧迫性。

瑞士作家温克勒说："开场白有两项任务：一是建立说者与听者的同感；二是如字义所释，打开场面，引入正题。"任何形式的演讲，开头都是关键。在演讲开始后的几分钟或几秒内，听众通常会决定是否接受演讲，是否听下去。好的演讲一开头就应该用最简洁的语言花最经济的时间，把听众的注意力和兴奋点吸引过来，这样才能达到出奇制胜的效果。达到这一效果方式当然多种多样，而更能引起共鸣的还是无懈可击的事实。

首尾呼应：精彩结尾的设计技巧

人们都了解开场白在演讲中的重要性，可似乎很少有人愿意在演讲结尾上琢磨更多。他们仅仅轻描淡写地草草收场，结果可想而知：费尽口舌发表的长篇大论很快就被遗忘。要想使人记忆深刻，结尾必须像开场一样气势磅礴，简洁有力、掷地有声。只有这样，才能做到首尾呼应。因此，我们要明白，演

第4章　逻辑训练，告别混乱，提升说服力

讲要有始有终，不能虎头蛇尾。

乔治·福·詹森是大安迪柯—詹森公司的总裁，同时也是工业家兼人道主义者。卡耐基听说他是个能让听众笑，也能让听众哭，还总能让听众对他的话牢记不忘的演讲家，便去访问他。

他没有自己的办公室，只是在工厂的某个宽大的角落里办公。卡耐基初次见到他时，发现他的神态里透露出诚恳。

当卡耐基走进来时，他说："你来得正好，刚好我有件特别的事要做，我已经把今晚要和工人们讲话的结尾做了个简单的记录。"

"将脑子里的演讲从头到尾做出一个整理来，会让人缓一大口气。"卡耐基说。

他回答说："噢，它们还没有完全在脑子里成形，还只是一些笼统的概念，是我想用来做结尾的特殊方式而已。"

乔治·福·詹森不是专业的演讲者，也从未想过用什么华丽的辞藻和精致的诗句。不过，他演讲成功的秘诀之一就是要有个精彩的结尾，他认为，要想让自己的演说达到余音绕梁的目的，就要让演讲内容合情合理地往前推进，最后逐步得出结论。

其实，对任何形式的讲话来说，结尾都可以算得上是最具战略意义的部分。而对致力于提升演讲能力的人来说，往往在这一方面做得不尽如人意。要知道，当一个人马上要结束自己的演讲时，他在最后说的那几句话，说得是否有力，将会影响

到整个中心思想在听众脑海中的长久记忆。

具体来说，我们可以从三个方面结束演讲。

1.总结主题

事实上，演讲总是有一定的主题，在一段慷慨激昂的陈词之后，演讲者可以用极其精练的语言，简明扼要地对自己阐述的思想和观点进行一个总结，以起到突出中心、强化主题、首尾呼应、画龙点睛的效果，这就是总结式结尾。

事实上，演讲时间有限，一些演讲者也会在自己没有意识到的情况下将演讲范围覆盖得很广泛。而到了结束时，主要论点还是没有清楚地传达给听众，导致听众对演讲者主要想表达什么还是云里雾里。

一般只有很少的演讲者注意到了这个问题。大部分人都错误地认为，观点在脑海中已经十分鲜明了，听众也应该同样清楚才对，但事实当然不是如此，你说的任何一句话对听众来说都是新鲜的，他们事先没有和你一样经过深思熟虑，所以这些观点就好像你丢给他们的弹珠，有的可能真的丢到了听众身上，可大部分还是掉在了地上。听众可能会"听到了一大堆的话，却没有一句能真的记在心里了"。

芝加哥一家铁路公司的交通经理曾经做过一次演讲。

"各位，根据我们在内部操作这套信号系统得出的经验，也根据我们在东部、西部、北部使用这套机器的经验，得出的结论是它操作简单、准确。另外，它在一年内能通过阻止撞车事件发生而节省下一大笔金钱，因此，我迫切地建议：立即在南方分公司采用这套机器。"

这段演讲的成功之处不言而喻，我们完全可以不看之前的演讲，就能从这段话中提炼出整个演讲的中心观点。几个简单的句子，就总结了整个演讲的全部重点内容。

2.重述开头

重复式的结尾方式是强有力的——非常清晰，而且能够在演讲中创造出一种节奏感，维持演讲者与听众之间的联系。对任何一个演讲来说，这都是一种安全、自然的结尾方式。

"我已经说过，同事们，你们是全公司最优秀的团队。每年，你们都以公司最优秀的员工的身份站在领奖台上，你们已经无数次向所有人展示自己怎样才能取得优异的成绩。我很高兴，也很荣幸能够和你们一起走向成功。

"可见，我们必须学习一些新软件的操作方法，以便接受且掌握总部投资的新型的顾客数据库系统。

"说实话，我们现在不得不改变为顾客服务的方式，为那种逐一追踪的销售模式画上句号，并创造一个新的系统，以便随时了解生产线上每一种产品的情况。"

"我已经要求你们接受管理方式上的转变，并祝贺与支持詹妮弗升任区域销售总监。"

这虽然不是一种别致、激动人心的结尾方式，却不仅能帮助你重申演讲主题，还能帮助你巩固信心。特别是当你振奋精神、让语言富有节奏感时，对你最为有利。

3.请求听众采取行动

在希望获得听众行动的演讲中,当你说到最后几句,演讲时间差不多已经结束时,就要立即开口提出要求。例如,要听众去参加社会募捐、选举、购买、抵制等其他任何希望他们去做的事,当然,这也需要遵循三点原则。

(1)提出的要求要明确

别说"请帮助红十字会",这是含糊不清的请求,而应该说:"今晚就请寄出入会费给本市红十字会吧。"

(2)要求听众做力所能及的反应

别说"让我们投票反对'酒鬼'",这不可能办得到。你可以请求听众参加戒酒会,或捐助为禁酒奋斗的组织。

(3)尽量使听众容易做出行动

不要对听众说"请写信给你的参议员投票反对这项法案",绝大部分的听众是不会这么做的,原因多种多样,要么是没有如此强烈的兴趣,要么是觉得麻烦,要么是根本就不记得。因此,你的请求要让听众听起来简单易行。

总之,在演讲时,一定不能虎头蛇尾,最好做到首尾呼应,不仅照应了文章的开头,还升华了演说的主题。

第5章

感染力训练，打造令人难忘的演讲

在很多人看来，演讲就应该是严肃的：演讲者在台上一本正经地说，听众在下面认真做记录，其实这样的演说不是成功的，因为它没有真的点燃听众的热情，没有走进听众的心里。其实，真正的演讲高手都会在演讲中倾注感情，因为只有打动人心的演讲，才能让听众产生共鸣。当然，演讲中的情感吸引力不是自然获得的，而需要我们多在演说前做足大量的准备工作，尤其是练习。

唯有热情，能引爆听众的掌声

只要稍加了解，就会发现，那些最受欢迎的演讲者与各行各业传播思想的精英们都拥有一个共同之处——热情，他们热切期盼能与他人分享自己的兴趣点。正如情绪具有传染性一样，热情也是可以感染其他人的。

法国哲学家丹尼斯·狄德罗曾经说："唯有热情，巨大的热情，才能激励人们成就伟大的事业。"任何人在公共场合发表演讲，最重要的是自己的语言表达富有感染力，如此才能调动听众的情绪。演讲时，切忌自己一个人在台上"唱独角戏"，让听众在台下躁动不安。如果你的演讲换来的是听众的毫无反应，只能证明你这次演讲的失败；如果你的演讲能够使听众喜笑颜开，而且让他们随着你的演讲内容而思考，就说明你的演讲是比较成功的。

通常情况下，不少人的演讲都是极其枯燥的，怎样才能很好地调动听众的情绪呢？这就需要我们善于围绕主题展开话题，使自己的表达富有感染力，成功地调动听众的积极性，这样的演讲无疑是成功的。

不少人在演讲时，只充当了一个"传话筒"的作用，演讲稿怎么写，他就怎么读，不添枝加叶，不拓展话题。最后，他的演讲就成为千篇一律的："今天，我演讲的是……第一……第二……第三……谢谢大家，我的话讲完了。"在整个演讲过程中，他的语言苍白无力，听众不知所云，究其根源，在于没能将话题展开，没能增添语言的感染力。

印度前总理英迪拉·甘地夫人是个不善言辞的人，她早年间曾有过一次演讲经历。

在一次会议上，主持人突然告诉甘地夫人要为大家讲话，这让她既紧张又焦虑，因为在这之前，她也只在一次儿童时代的集会上讲过话，还从来没参加过这种大型的演讲。她当时完全吓到了，甚至不知道说什么好，还很清晰地听到台下有个醉汉冲她吼道："她不是在讲话，她是在尖叫。"听他这么一说，听众哄堂大笑。

后来谈到那次经历时，甘地夫人还是很懊恼："那次演讲后，我发誓以后再也不在公众面前讲话了。"但事后不久，甘地夫人还是进行了一次很出色的演讲。

这场演讲在非洲举行。演讲之前，甘地夫人对工作人员说："噢，不行，我一句话也不准备讲，只有依了我这个条件，我才赴会。"

他们很吃惊，不知道甘地夫人要做什么，而一切已经就绪，礼堂也准备好了，只好说："不管怎么样，你总得坐在讲台上。"他们会设法为甘地夫人的保持沉默做些解释。

据甘地夫人自己回忆说："那天的招待会在下午4点举

行，整个上午我都在访问非洲铁路工人的生活区，那里的条件真是糟糕透顶，我非常生气。招待会上，当宣布尼赫鲁小姐不讲话时，我拍了一下桌子，说：'我倒要讲讲。'"

甘地夫人这番话让会议主席大吃一惊，还没等他开口，甘地夫人已经走到话筒面前，激动万分地讲起了班图人和其他人的生活条件。"我的讲话在非洲报纸上刊登了。第二天，无论我走到哪里，都受到人群的欢呼。女性过来吻我，男性同我握手……"

甘地夫人的这次演讲是很成功的，她成功的诀窍不在于她的口才，甚至可以说，她是个不善言辞的人，但她的感情为她赢来了掌声。正义的甘地夫人在访问了铁路工人的生活区后，情绪上产生了很大的变化，正因如此，她在发表演讲时，言语间代表的是铁路工人的利益，是为铁路工人说话的。本来没有很好的说话能力的她，这回却得到了人民群众的拥护。

不得不说，当众讲话最需要的是热烈的气氛，如果掌声雷动、欢呼声不断，就会感染讲话者的激情，使你越讲越精彩。要使你的演讲热烈起来，能够打动人，你应该注意提供一些能够使演讲具有说服力的最可靠的方式。当然，作为演讲者的你，在整个讲话过程中，应该保持高昂、激情的状态。

那么，在实际的演讲过程中，如何才能顺势展开话题，在语言中展现激情呢？

1.先让自己变得快乐

每天起床时，你应该暗示自己："我要变得快乐！"再让这个自我激励渗入你的潜意识里，这样，当你出现精神不振时，这句话就会激发身体里的快乐因子，让你变得积极。

2.表现积极的状态

当你走上演讲台时，你表现出来的应该是对演讲的期望，而不是不快、痛苦等。用轻快的步伐上台，也许是故作轻松，却可以为你提升自信。

上台后，在演讲前先深深吸口气，不要把身体偎在讲桌上，抬起你的头和下巴，告诉自己，你马上就要陈述一件十分有价值的事。在演讲时，如果你的声音大到可以传到大厅的后方，你会更有自信；而在一开始就使用手势，也许更能让你振奋。

3.尽量使用积极性的激励语言

有时候，听众就像是课堂里的学生，要多对他们使用积极性的激励语言，诸如"你很不错""这件事情办得不错""你想得很周到"等积极的语言，这能激发出听众的热情，激励他们继续努力听下去。

4.运用富有情感的语言

感染力强，效果就好。平淡无奇，没人爱听。因此，演讲者必须要注意研究听众心理，把握讲话现场状况，从容应对局面。要善于运用富有感情的语言来演讲，或用慷慨激昂的感召，或用富有哲理的评议，或用激励的语言，扣人心弦，激起群众的热情，增强听众的信心。

讲感人的故事，能迅速打动听众

相信任何致力于提升自己演讲能力的人都曾研习过演讲大师的技巧，那些演讲大师之所以能和听众打成一片，在于他们擅长营造好的演讲气氛，带动对方的情绪，和听众达到一种情感上的共鸣。通常，他们采用的方法是讲故事，尤其是那些感人的故事，当听众真正被感人的话打动时，演讲的目的也就达到了。

真实、感人的故事可以帮助建立情感连接，让听众更容易理解和接受你的观点。你可以讲述自己的经历，或者讲述一个熟悉的人的故事。

史蒂夫是某科技公司新调来的培训主任，他受公司董事长任命，要为公司的IT部门做一次演讲。这家公司最近几年的效益不好，主要是因为这些技术人员的工作积极性不高，不仅平时没有多少人愿意加班，就连公司设立的创新奖也没有人愿意挑战。

针对这样的情况，在演讲大会上，史蒂夫说："我想坐在这里的所有同仁都敬佩一个人，那就是比尔·盖茨，他是IT行业的先驱。然而，盖茨乃至微软的成功没有那么简单。

"微软最初是从两个好朋友创业开始的，发展到现在，已经成为全球领先的大企业了。在公司中，盖茨的领导力发挥了重要的作用。他独特的人格魅力，以及他创造的积极勤奋的工作氛围，吸引了全球软件行业的顶尖人物纷至沓来。他们个性迥异，如果没有对工作的勤奋，那么微软在创业历程中时刻都有分崩离析的可能。

"微软公司内部早已营造出一种'工作第一，以公司为家'的气氛，盖茨本人当年对工作的狂热和勤奋也带动了员工的工作激情。大家都是没日没夜地工作，甚至可以一连几天都不休息。人们也经常看到盖茨在加班，与员工一起讨论公司的经营计划，经常鼓励员工要突破障碍，努力进取。对表现出色的员工，盖茨也会给予高额的物质奖励和精神上的鼓励。这也体现了员工的自身价值，使员工对微软和盖茨充满了感激之情。而这种感恩，又会带动员工的积极性和工作热情。面对困难时，一个员工可能难以解决，而多个员工同心协力，困难就会很容易被解决。

"盖茨为微软创造的价值，以及为微软员工带来的影响，是深远而意义非凡的。正是因为他站在员工的前面，为员工做榜样，才让更多的员工找到了归属感，让员工真正体会到微软不只给员工发薪，还关注员工的未来发展和家庭生活，从而使员工心怀感恩，更乐于勤奋工作。

"虽然，我不能保证我们公司能有微软的成就，可我保证，如果大家把公司当成一个大家庭，公司一定会给大家一个灿烂的明天。"

这里，史蒂夫没有直接向听众灌输员工要热爱工作的观念，而是先从讲故事开始，这样听众更容易接受。而且在演讲最后，史蒂夫饱含激情地提出了对听众的希望，展现了自己的号召力。

演讲者可以使用三个技巧讲感性的故事。

1.表达你的热情

我们不要指望冷漠的态度会起到感染他人的作用。热情与快乐是一对连体婴儿。对方在感受到你的热情时,自然也就对你敞开了心扉,也会逐渐接受你传达给他的情绪。

2.举一些感性事例

在讲话的过程中,我们要善于选择一些比较有代表性的事例来阐述问题,这样可以为你的观点增加分量,而且能够表明你的陈述是比较客观的。如果缺乏事实的依据,你的故事再感人,也没有信用度可言。当然,要注意不能引用过多的事实,避免听众厌烦。

3.讲一些关于自己的事

有时候,为了证明某个观点,适当地讲一些关于自己的事,会让演讲更富有真情,用自己的故事来说话,也更容易打动人。

例如,美国知名学者、畅销书作家布琳·布朗曾发表过一篇关于自己是如何通过研究脆弱性和勇气来帮助自己克服恐惧和不安全感的。

"你有机会选择拥抱最真实的自我,而不是生活在别人眼中""那些让你变脆弱的,都会令你更强大""人与人之间的联结是我们活着的意义"。

作为国际知名演讲者,布琳相当真诚、温暖、幽默,作为一位思想领袖、研究者、讲故事的人,她具有激励听众的能力,拥有让人付诸行动、做出改变的方法。这就是布琳·布朗。

总之，在演讲中，我们可以讲一些感性的故事，这样能使你的话热烈起来，能够打动人。当然，作为演讲者的你，首先要保证故事的真实性，否则，一旦对方识破了你的谎言，就会因小失大。

站在听众的角度演讲，更易将观点植入听众思维

任何形式的演讲中都有三个构成要素：演讲者，听者和演讲的内容，这三者缺一不可。要做好演讲，不仅需要你有真诚的态度，还要懂得考虑听者，就是要让听众觉得你说的话很重要，这才是打动听众的关键点。

心理学家认为，感情是人对客观事物好恶倾向的内在反映。人与人之间建立了良好的感情关系，就能产生亲切感。通常情况下，如果人与人之间有了亲切感，彼此之间的吸引力就会增大，影响力也会逐步增大。因此，我们在演讲时应富有亲和力，始终站在听众的角度说话，这样更易打动人心，也更易将观点植入听众思维。

在历史上，那些著名的雄辩家都有这样的本事，他们总是能做到让听众与自己产生共鸣，也总是能让听众同意自己的观点，去做自己想让他们做的事，去分担他们的快乐和忧愁。最为重要的原因是，他们从不以自我为中心，而是以听众为中

心，因为他们明白，自己的演讲是否成功不是由自己决定的，而是由听众决定的。

在《战国策》中，游说列国的说客们经常运用这种方法说服各国君王接受自己的观点，常常取得巨大成功，其中最有代表性的当属李斯《谏逐客书》。

作为一个被放逐的对象，李斯没有强调逐客令对这些异国人才的打击，没有强调异国人才对秦国的奉献，而一直在强调，如果驱逐了这些异国人才，秦国将蒙受什么损失，同时秦国的敌国将得到什么好处。志在统一天下的秦王，或许不关注国内的得失，却很在意敌国力量的消长。李斯的谏书说到了秦王的痛处，这也是秦国利害关系最关切的地方。秦王即使再讨厌国外人士，也不敢反驳了。曾被列为驱逐对象的李斯留了下来，后来甚至成了秦国的丞相。

的确，演讲其实就是与听众的一次沟通。其间，如果演讲者丝毫不顾及听众的感受，只是对自己关心的问题侃侃而谈，自然很难流露出自己的热情和激情，也就无法打动对方。反之，如果他能切身考虑到对方的利益，说对方想听的话，此时开口，必会取得意想不到的效果。

在美国推行节俭运动期间，卡耐基到美国银行学会纽约分会开展训练，其中有一个学员，他告诉卡耐基自己与听众无法沟通的问题非常严重，希望卡耐基能给自己一些建议。卡耐基认为，要做到这一点，首先要做的就是对自己的题目产生热情，所以卡耐基刚开始没有给出什么特别的建议，只是让他再把题目想几遍，直到自己对题目产生极大的热忱。

卡耐基告诉他：纽约"遗嘱公证法庭记录"显示，85%的人去世时，都未能给自己的亲人留下一分钱；在去世的人中，只有3.3%的人留下一万美金或更多的遗产。卡耐基说这一点是为了让他明白，他现在做的演讲，不是在强迫别人做无法负担的事，也不是求别人施舍自己，而是在替别人着想，这样，他们老了以后可以衣食无忧、可以安然自在，而且能给自己的妻儿留下一份保障。卡耐基让他这样鼓励自己，还让他相信，这是一项了不起的社会服务。

在卡耐基讲完这些事实后，这个学员开始认真思考，过了一段时间，他终于热血沸腾，兴趣和热情都被激发了，他突然觉得自己应该是一名战士，认为自己身兼重任。

后来演讲时，他用满腔的热血和信念感染了人们，让大家知道节俭的好处，这时，他不再是一名演讲者，更像一名宣传者，在努力地使人们产生节俭的观念。

可见，如果你也正致力于提高自己的能力，首先要做到的就是改变机械式的讲话方式，第一要素就是考虑听者的因素，这就是换位思考，要站在对方的角度去思考问题，设身处地地为对方着想，从而看到对方的处境、想法等，这样就能对事物产生深度的认识和把握，从而帮助我们把话说到对方的心坎里。

那么，该怎样说才能打动听众呢？

1.说亲切的话

如果你说的净是一些枯燥无味的大道理，或者"阳春白雪"的思想作怪，经常说一些文绉绉的话，就会让听众觉得你喜欢伪装，从而在内心里就疏远了你。

在和听众寒暄时，说一些"路上没有堵车吧？""最近还好吧？"的话，就会让对方觉得你把他当成了朋友，对你产生亲近感。

2.多提及听众的名字

卡耐基曾参加一次演讲，他那次坐在主讲人的旁边。在开始演说前，他发现主讲人四处走动去打听那些陌生人的名字，卡耐基感到很奇怪。在后来的演讲中，卡耐基才明白，主讲人是为了把刚才打听到的名字运用到演讲中，而那些被提及名字的人脸上洋溢着幸福的快乐。当然，这个简单的技巧也已经为他赢得了听众温暖的友情了。

3.全身心地投入演讲中

演讲需要你投入高度的热忱，当一个人只被自己的感觉影响时，他的热情就会被点燃，他的行为、语言都会出于自然，一切也就都顺其自然了。

事实上，任何表达技巧的学习都是建立在全身心投入到演讲之中的前提之上的。

4.让你的声音展现生命力

不得不说，随着年龄的增长，不少人都失去了年幼时的纯真和自然，与人说话、沟通也都陷入模式化之中，变得没有生气。如果你希望成为一名好的演讲者，就不能拒绝吸收新的词汇，或者吸收新的表达形式。

的确,"感人心者,莫先乎情"。成功的演讲离不开"情",情感在演讲中就像桥梁一样,连接着演讲者和听众的心。以"情"动人心,就必须要求演讲者站在听众的角度上,这样的演讲才更耐听。

在演讲时注入情感,让听众产生共鸣

很多时候,我们在公共场合演讲的目的,就是要吸引、说服、鼓动、感召听众,所以也只有能引起听众共鸣的演讲,才是成功的演讲,而这一点,也是演讲者最关注的问题。如何引起听众的共鸣呢?

很多成功的演讲家都是富有活力和精神抖擞的人,懂得引导听众,让听众迸发出内心的情绪。因为人们都有这样的心理,在与人交谈的过程中,如果对方能感同身受,人们是愿意接纳对方的。因此,在演讲中,如果你希望自己的话能产生效力,你在演讲时就不应该只是报告一些事实,还应该把自己的情感注入演讲中,进而让听众产生共鸣,以获得听众的信任和认同。

那么,怎样才能做到这一点呢?

1.投其所好,依听众的兴趣演讲

你可能也发现,依据听众关注的问题和兴趣来演讲,是一个极好的方法。为此,在演讲前,你可以先问问自己:你的演讲能够帮助听众解决什么样的问题，怎样才能达到他们的目标？厘清思路，再把内容讲给他们听，就会获得他们的全神贯注。如果你的职业是一名会计师，你开场时就可以表明这一点：我接下来要教大家如何立遗嘱，就会有一些听众对你的话题产生兴趣。

当你面对听众时，可以假想他们很希望听到你的演讲，因为演讲对他们有用。作为演讲者，如果你只考虑自己内心的想法和思想倾向，你的听众就会慢慢变得烦躁不安，表现得不耐烦，不断看手表，甚至会离开。

2.讲一些自己的经历，赢得认同

每个人都知道，很多时候参与演讲就是为了传达自己的观点，就是要影响和让听众接受自己的想法和意见。而为了增加话语的可信度，可以适当地提出一些自己的经历和精通的知识，因为自己的经历最有说服力；而精通的知识则更权威，所以可信度很强。

生活中，我们都会看一些电视节目，一些节目之所以生动有趣，就是因为谈的是自己的亲身经历和自己了解的事。

因此，在演讲中，"共鸣"是可以制造出来的。表达对听众的关怀、理解和认同，接受对方的内在需求，感同身受地予以满足，就能帮助我们获得听众的共鸣。

自己的经历和故事，是最好的素材

我们在公共场合说话，为的就是传达自己的观点，就是要让听者接受自己的想法和意见，而为了增加话语的可信度，可以适当地讲述一些自己的经历。自己的经历就是最好的故事，可信度也更强，更容易打动听众，从而建立起和听众的情感连接。

在演讲中，讲述自己的亲身经历更容易引起共鸣。可有一些人不愿意讲自己的个人经历，因为觉得事实太琐碎和局限，他们更愿意讲一些空洞的概念和哲学理论，却忽略了听众也是平凡的人，平凡人的平凡事更能打动他们。听众想要听的是一些新闻，而你却总是说各种各样的社论，说社论并没有错，可最好还是由那些更有发言权的人来说。因此，作为普通人的我们，还是诉说生命对自身的启示吧，这样自然就会有听众。

卡耐基是一个乐于倾听他人说话的人，他也曾称，只要演讲者讲述生命对自身的启示，无论细节多么琐碎，多么不值一提，他都不觉得枯燥。

卡耐基训练班上的一位教师替纽约市立银行的资深官员开了当众演讲的课程。这些官员都是日理万机的人，因为时间不充裕，他们常常觉得要为一次演讲做好准备实在是太困难了。他们总认为演讲要有自己的思想、信念，要从自身的角度去看待问题，而事实上，他们忽略了自己已经有四十年的材料积累，这就是最好的素材。

一个星期五，一位来自上区银行的名叫杰克逊先生的人来到这个已经有45位学员的训练班。在来训练班的路上，他在报摊上买了一份叫《弗贝》的杂志，在地铁上，他看到了其中一篇名为《十年成功秘诀》的文章。他之所以读它，不是因为他对这篇文章真的很感兴趣，而是他想找点资料，使自己在演讲时更有谈资。

他原以为自己的演讲会很精彩，会让大家掌声不断，然而事实却事与愿违。

他其实没有弄清楚自己想要说什么而已，只是"想说"，他希望借助杂志上的文章来让自己的演讲更有深度，却也只是引用，没有挖掘到什么内涵。他的表情、仪态、声调都表明了这一点，他不断在演讲中提到那篇文章的作者想要表达什么，是怎样阐述观点的，却没有说自己想要说什么。

在他演讲完以后，老师对他说："杰克逊先生，你说了这么多，可我们对你说的那位作者并没有什么兴趣，我们也不认识他，他也不在这里，我们感兴趣的是你想在演讲中传达什么。告诉我们你是怎么想的吧，不要总是谈别人了，现在请把更多的杰克逊先生放到演讲中吧。这样，下个星期，你再用同样的题目演讲一次好吗？再认真阅读那篇文章，看自己是否真的同意作者的观点，如果是，就找论点来证明；如果否，也告诉自己为什么。让这篇文章成为一个开始，引出你自己的演讲吧。"

按照老师的指引，杰克逊先生重读那篇文章后，发现自己根本不同意作者的观点，他用自己的记忆和从事银行工作的多年经验佐证了自己的观点。在第二次演讲中，他很多的论据都是自己的真实工作经验和背景理念，不再是从一些杂志文章中引经据典了。

致力于培养自己演讲能力的人，可以从五方面谈及自己的经历。

1.成长的历程

与你的家庭、童年回忆、学校生活有关的事情，常常会吸引听众的注意，因为你解决困难、挑战自我的经历最能引起共鸣。

2.为了出人头地而做的努力

这样的题目富有人情味，也是吸引听众注意力的最保险的题材。例如，你可以讲述自己在早期是如何为幸福生活而努力的，是如何创业的，是如何从事某种很有难度的工作的，你的事迹能给听众鼓舞，让听众燃起克服任何困难的决心，是富有正能量的。

3.嗜好及娱乐

这方面的题目需要依据个人的喜好，如果你确实热爱某件事，且有自己的独到见解，一般来说，不会出现什么失误，也能把这一问题讲得十分有趣。

4.特殊的知识领域

如果在某一行业深耕多年，你就能算作这一行业的专家。如果你用自己的工作经验来讲述某一问题，也是能获得听众信任的。

5.与众不同的经历

例如,你有没有和名人见面的经历?有没有玩过蹦极?有没有过见义勇为的行为?这些经验都可以成为最佳的演讲材料。

因此,我们在为演讲做准备时,不必要把自己要说的内容都写在纸上,再背下来,也不是临时抱佛脚看看杂志就可以,而应该在自己的脑海里挖掘,挖掘一些关于自己的故事。你完全不必怀疑自己说的话太个人化,其实这样的讲话才是让人快乐的、动人的。

活跃氛围,幽默必不可少

任何形式的演讲,只有在达到打动听众、激励听众的效果时,才是有效的。要达到这一效果,除了讲究以情动人、以理服人外,精心策划和安排演讲内容也十分重要。讲话者不能板起面孔光讲大道理,以显示演讲的深刻和发人深省;也不能光以表达自己的思想和情感为满足,流于空洞的说教、现象的罗列和人云亦云的老生常谈,否则,听众的注意力就无法集中,演讲也难有好的效果。而假若能在演讲中恰当地使用幽默的语言,就能营造和谐、轻松的气氛。

美国亚利桑那州有个叫森姆的人,他在讲台上度过了40年生涯,一直有办法从头至尾使会议厅满座。他全凭幽默的力量，凭着戏剧性效果，一张口就给人以生动、逼真、有趣的感觉，听众全被他吸引了。

"对不起，刚才我冒充来宾坐在观众席上。"森姆做了个手势，"这儿的司仪不知为何突然挑上了我，要我代替今天的主讲人。"他耸耸肩，表示无可奈何："我又惊又慌又怕。我尽力使司仪相信我不知如何是好，我对他说我是结巴，我一开口讲话，就会变得语无伦次，气也喘不上来。"

他真的在某个词上卡了壳，好不容易才摆脱掉，他继续说："诸位也是十分担心，现在的情况很尴尬。也许你们在为我愤愤不平，说司仪不该把我推入绝境。"他最后叹了一口气，说："好吧，也只有这样了，请听众们帮我一把，帮我渡过这个难关吧!"

森姆是个幽默的人，他调动现场气氛的方法就是开自己的玩笑，从而给听众树立一个亲切的、有趣的形象。

有人说，幽默是人类智慧的产物，幽默不仅是一种人生态度，更是一种人生智慧。曾经，美国329家大公司的行政主管人员参加了一项幽默意见调查。结果表明：97%的企业主管相信，幽默在企业界具有相当的价值；60%的企业主管相信，幽默感决定着人的事业成功的程度。在演讲中，幽默也从侧面体现了演讲者的智慧和才华，体现了他对将要进行的演讲充满了信心与期待，所以受众的注意力会逐渐由被演讲者的个人魅力过渡到演讲本身。可见，幽默对演讲的展开是至关重要的。

有一位能说会道的小伙子在自己的婚礼上说了一番充满幽默和温情的开场白。

"尊敬的各位来宾,大家好!谢谢你们能在百忙之中抽出时间来参加我的婚礼,看得出来,今天的我特别开心,也很激动,因为我终于结婚了。现在,我只能说,千言万语也不能表达我现在的心情,可我知道,无论如何,我必须对所有人说'感谢'。

"首先,我要感谢所有的亲朋好友愿意在这个美好的周末,特意前来为我和她的爱情做一个重要的见证。

"其次,要感谢我妻子的父母,我想对您二老说,谢谢你们的信任,谢谢你们能把你们呵护了二十几年的掌上明珠交给我,我保证,我会一直让这颗明珠灿烂夺目的。

"最后,我要感谢在我身边的这位在我看来是世界上最漂亮的女人,我竟然有幸成为你的丈夫,所以谢谢你。可此时此刻,我的心里却有深深的愧疚,无论是在认识你之前,还是在认识你之后,我还一直深深地爱着另一个女人,而且就算你我的婚姻也无法阻挡我对她的日夜思念,那个女人也来到了婚礼现场。亲爱的,她就是我的妈妈。妈,谢谢您,谢谢您把我带到了这个世界,让我学知识,教我做人,让我体会到世界上最无私的爱,给了我世界上最温暖的家。我想说,妈,您辛苦了。我此时此刻很幸福,因为我遇到了这世界上两位最善良美丽的女人。"

现场响起了热烈的掌声。

这个小伙子的一段开场白实在令人拍案叫绝，他感谢的对象可谓一个都不少，有他妻子的家人、他的妻子、他的家人，还有所有的来宾，令在场的人都为之动容。

那么，你该如何通过幽默来调动演讲气氛呢？

以幽默的力量来开头，你就能吸引听众的注意，活跃了气氛，松弛了紧张，且建立了你与听众的友好关系。当你渐渐进入了演讲的主题时，还需要继续你先前的努力。

因为人的注意力很短暂，尤其是用单调低沉的语调在某一个主题上平淡而谈时，听众更易感到乏味而分散注意力。这时，就需再次抓住听众的注意。改变话题，或者改变讲话的方式，以一则笑话或一句妙语给予听众幽默的力量。

如果你说个笑话，只是为了引人发笑，听众的注意力就很可能随着笑声的起落而移开。因此，不要插入不相干的幽默。幽默要和当时的话题有关，使它成为你传达的信息的一部分，使它散发力量。

总之，为了做一个生活中和辩论场上的常胜将军，我们都应该有意识地培养幽默的素质，这就要求我们有渊博的知识和宽阔的胸怀，对生活充满信心和热情；同时，要有高尚的情趣、丰富的想象、开朗乐观的性格。

第6章

台风训练，举手投足彰显专业风范

我们说的演讲，不只是要"讲"，更要"演"。这里的"演"，指的就是一个演讲者的"台风"，这需要我们从非语言的角度练习，如修炼打动人心的肢体语言、平易和善的微笑等。事实上，每一个演讲高手都有着出色的台风，善于在举手投足间为自己的演讲加分，我们也要掌握这些技巧，让演讲无声胜有声，用无声语言感染听众！

服饰装扮：得体的穿戴能装点你的自信

演讲是一门语言艺术，演讲者也是千种模样，有可能是口若悬河的法庭律师，也有可能是热情奔放的演员，还有可能是八面玲珑的公关人士；有可能是精神奕奕的老者，也有可能是生机勃勃的学生。职业不同，年龄有别，表现出的举止神态也不一样，无论是谁，在演讲前都要做好充足准备，其中就包括穿戴。

大学毕业后，陈昊就一直在一家小公司做销售。虽然业绩一直不错，可陈昊一直认为自己可以有更好的发展，于是，他经常抱着骑驴找马的心态，在工作的同时，还给其他公司投简历。终于，投出的简历有了回应，一家跨国大公司的人力资源部门给他打电话，让他第二天去面试，面试的形式是演讲。

第二天一大早，陈昊就到了这家公司，他是有实力的，三年的工作经验早已将他磨炼成一个能说会道的人，他口若悬河，让在场领导频频点头。

可最终的面试结果让陈昊感到很意外，他没有竞聘成功，董事长选择了另一个男士。

第6章 台风训练，举手投足彰显专业风范

陈昊当然很苦恼，他很纳闷董事长为什么没有选择自己，因为明眼人都能看出陈昊无疑是其中最优秀的。为此，陈昊找到一个面试官询问原因。面试官很惋惜地说："其实，你各个方面都非常符合我们的要求，可您在仪表方面略有欠缺。要知道，我们是跨国公司，需要打交道的都是高级商务人士，每个员工都代表着公司的形象，所以董事长还是选择了仪表比您好的应聘者。"

听到这里，陈昊更不明白了，他说："我已经非常重视形象了啊，您看，我身上穿的西装是特意去商场买的，花了我两个月的工资呢！"面试官笑着说："我知道您的西装是刚买的，因为您忘记拆下袖口的商标了。不过，我个人认为，您如果能够给这身高档西装再配一双好的皮鞋，就更好了。要知道，皮鞋是着装的细节，能够暴露您的着装习惯和品位。"

在这个事例中，准备充分的陈昊为什么没有成功应聘呢？问题出在了鞋子上。从面试官的话中，我们可以知道，即使陈昊穿了一身新西装，却没有一双新皮鞋与之匹配，最终依旧遭遇了面试失败。

同样，在演讲中，得体、有品位的服装能给别人良好的第一印象，因为人们对他人的印象很大一部分是视觉上的，这就是"三分钟印象"。如果演讲者不太在意打扮，蓬头垢面，肮脏邋遢，就会让听众产生视觉上的不适感，也就会对他的演讲嗤之以鼻；而如果装束过于华丽，过于时髦，花哨俗气，过度美化自己，也叫人不能接受。

可能很多人认为穿着打扮是一个令人费神的问题，究竟怎样穿着才能穿出品位、穿出神采？其实，要想穿出一身富有精气神的行头，并非难事，对此，我们不妨从三个方面努力。

1.不需要大费周章

在演讲前，如果你有时间，最好细心打扮，可如果没时间再从头到脚换一套盛装，你就要懂得在日常生活中注意自己的着装，以免手忙脚乱。无论如何，在穿戴上要遵循四个原则。

（1）整体协调

着装时，不要把各个部分分开看，而要作为统一的整体，合理地搭配，使之和谐自然，完美衬托出你的气质。

（2）干净整洁

在演讲场合，不管你穿的衣服是昂贵还是便宜，首要的就是干净、整洁。即使你的衣服穿了很多年，也要保持干净清爽，因为这样能够使别人觉得你的内心是热爱生活的。当然，在衣服干净、整洁的基础上，还要保持衣服的平整，最好不要有明显的污渍等。

（3）着装文明

演讲中的服装是不能过于暴露的，因此，尽量不要穿袒胸露背，暴露大腿、脚部和腋窝的服装，更不要在演讲时赤裸着胳膊。

（4）着装技巧

在着装方面，其实是有很多讲究的。例如，女士穿裙子时，穿丝袜的袜口应被裙子下摆遮掩，而不宜露于裙摆之外；

男士穿单排扣西装上衣时，三粒纽扣的要系中间一粒或是上两粒，两粒纽扣的要系上一粒等。

2.注意配饰的作用

有时候，一件小小的饰品就能让我们的服装起到画龙点睛的效果。当然，演讲时的饰品不要过多，以免让听众眼花缭乱。

3.让色彩帮助自己变得熠熠生辉

关于色彩，人们有一些错误观念。

（1）皮肤白的人穿什么都好看

其实，每个人都有自己穿起来好看的颜色，也都有不适合的颜色，与皮肤的黑白没什么关系。

（2）穿黑色显瘦

并非如此，要看你是属于哪一种色彩类型的人。

（3）艳色是俗气的

色彩本身没有好坏之分，但有选择与搭配的好与坏，不和谐的色彩无论艳或不艳都不美。

（4）只有相近似的颜色搭配在一起才好看

相近或相似仅是一种配色方法，还有许多配色原则。

（5）黑白是百搭色

黑白是很极端的颜色，想要在衣服上任意搭配出漂亮的效果不容易，不要什么都用黑白去凑合。

（6）对比色的搭配是土气的，如红色与绿色的搭配

对比不等于不和谐，如红与绿搭配得好坏，要看它们属于什么调系的红与绿，还要考虑面积对比等因素。

注意上述理念,并以此为穿衣搭配原则,我们就能在演讲时让自己神采奕奕地出场了。

演讲是一门综合艺术,既要求演讲者有美的声音和语言,还要有美的仪表,因此,演讲者在演讲前一定要认真琢磨如何把自己打扮得更好看些。

视觉运用:注重与听众进行眼神交流

在人际交流过程中,眼睛是仅次于语言的重要工具。人与人之间除了需要语言的交流,眼神的交流是必不可少的。在人类的面部表情中,眼神是最为微妙复杂的,不管是用眼神表达信息,还是准确地理解别人的眼神,都非常困难。

某服装公司的市场专员小梁回忆自己的一次演讲经历:"那是一次产品推介会,当时会议室坐了不少客户,我遇到了一个很尴尬的局面。当我开始介绍公司的新产品时,客户们是用很自信的眼神看着我的,而我却没有正视大家,只是一味地表达自己的观点。稍后,有位客户笑着拿出几块针织面料,叫我判断能否生产,有的我说可以,有的说不行。随后他拿出样书,说每款3000~5000件,要我确认能否30天装船。老实说,我心里没底,不敢轻易承诺。当我抬起头与他对视时,我发现他的眼神里充满了遗憾和对我的不信任,我再想据理说明,然而他已没兴趣再听了,很有礼貌地收起了所有的资料走了。"

这件事后，小梁反省：这哪是一场产品推介会，分明是一场现场考试，而他最终也因为没有与客户进行眼神沟通而让客户失望地走了。

我们可以试想一下：当你低着头只顾自己演讲时，听众会对你有好感吗？他会相信你的观点和看法吗？

事实上，演讲的确需要懂得一定的表演艺术，否则你就不能自然从容、潇洒大方地走上讲台。即使走到台前，也不知道怎样才能站得挺拔潇洒，让人看着舒服。也许你还会感到别扭，手不知道该往哪儿放，眼该往哪儿看，以及如何配合自己的声音做表情、打手势。在演讲中，我们也要注重和听众的眼神交流，因为眼神交流能带动听众的热情。美国作家杰瑞米·多诺万曾说："一个好的演讲，代入感非常重要，它能调动起听众、观众的积极情绪。"

在演讲中，我们该如何与听众进行眼神交流呢？

1.演讲时，眼神不可游离不定

严肃的表情会让说出的话更有力量，假如你神态木讷，面无表情，即使嘴在动，说出了话，也会让人有拒人于千里之外的感觉。因此，除了微笑，你最好注意自己的眼神，眼神不可犀利、凶狠，一定要炯炯有神，不可游离不定。

2.尽量看着听众说话

看着听众说话的好处在于能使听众看到你的目光，看到你内心的真情实感。一个优秀的领导，无论是脱稿演讲还是不脱稿演讲，都不忘和听众进行眼神交流。而实际上，一些领导者在演讲时，可能为了显示自己的领导地位，可能因为紧张，他们或仰视天棚，或俯视地板，或左顾右盼，东张西望，躲避听众的目光，显得很不庄重，很不礼貌。

当然，看着听众说话，不是说你应一味地直视，或者眼睛滴溜溜乱转，而应该将两眼略向下平视，目光自然、亲切、专注，以吸引听众的注意力。

而如果你是一个初次登台的讲话者，在众人的眼神压力下，可能会感到不安，不敢接收听众递来的眼光。这时，你就可以用目光虚视法，眼睛看着台下听众，却不把眼光停留在具体的人身上，做到"眼中无听众，心中有听众"。千万别因为紧张就不看听众，这样更会暴露你的紧张。

3.与听众要有目光的接触和交流

看着听众说话，有扫视和凝视两种，两者都是需要的。在演讲之初，或演讲之中，不妨有几次遍及全场的扫视，而用绝大多数时间凝视，这也就是实质性眼神接触。这样做，不仅能在无形中加深与听众的联系，还可以通过察言观色，于细微处接收到听众的信息反馈，掌握听众的表情和心理变化，以便随时调整演讲的内容，改善演讲的方法。

演讲时，眼光一般应正视，要适当地配以扫视和环视，这样既显得庄重、严肃，又照顾了全体。不要冷落了任何一个角落里的听众，不要老是盯着某几个人或某一小块地方的听众。目光停留时间过长、过多，也容易让人感到不自在，也让其他人觉得你仅是对着一小部分人讲，厚此薄彼，最易失去听众。

4.眼神的运用应丰富多样

眼神的传递，旨在与听众交流情感，有效地传播信息。而不同的讲话内容、不同的受众、不同的场景等，要传达的眼神是不同的，眼神的运用自然也是丰富多样的。如果演讲者总是一种无动于衷的眼神，就会给听众一种麻木、呆滞的感觉，就无法使听众提神、凝思。

总之，在演讲中，我们与听众的眼神交流非常重要。很多时候，眼神是无法掩饰的，因为眼神往往更能真实地表达出一个人的品质、修养和心理状态。如果你能在自己的眼神中注入情感，听众将更易被你感染。

体态语：善用肢体语言拉近与听众的距离

通常，我们以为交际的技巧在语言上，而这只是人们的主观感受，事实并非如此。人们使用最频繁的是非语言的交谈方式，也就是常说的肢体语言，它通常是在说话之前就已经表达出了感觉和态度，反映了对他人的接受度。演讲中也是如此，我们一定要注意肢体动作的运用。善用肢体语言，能拉近与听众的距离。

任何一个需要演讲的人都明白，站在台上讲话与在台下讲话不是一回事，站着讲与坐着讲，感觉又不一样。站在台上，你的一举一动都会对听众产生影响。可能一些人会认为，只要尽力控制住自己，在台上不哭不笑、不走不动，就不会出什么问题了。其实不然，你这样就成了一具会说话的木偶，这样的演讲只会让听众觉得无聊。

成功的演说家，大都是富有活力和精神抖擞的人，具有爆发力，可迸发出内心的情绪。因此，如果你想让你的演讲更精彩，就不要忽视肢体语言的力量，在演讲时就不应该单是报告一些事实，还该把自己的肢体语言注入演讲中，只有这样，才会真正打动听众。

体态语，顾名思义，就是借用身体表达出来的语言，也称为身体语言、肢体语言、无声语言。体态语包括动和静两种。动态语包括手、脚、头等的动作，站姿、坐姿、服饰等就属于静态语了。体态语在演讲中的使用范围极广，使用频率也极高。在演讲中，我们一登台亮相，还未开口便已经用体态语，给听众留下了第一印象。鉴于此，你若能在演讲中恰当灵活地运用体态语言，就可以辅助口语以更好地表情达意。

可见，在演讲中，有时候，真正展现热情与真诚的不是语言，也就是说，也许最重要的说话技巧之一不是语言，而是我们的身体。掌握一些基本的肢体语言，能帮我们更快地抓住听众的注意力。

我们在演讲中，可以尝试使用以下肢体动作。

1.始终以微笑面对听众

美国前总统里根的演讲就发挥了微笑的作用。演讲开始之前，里根总是先微笑示人，让人倍感亲切，给大家留下一个极好的印象，他在演讲过程中也处处让人感到平易和善，而非高高在上，这样的作风自然受人欢迎。拉近与他人的距离，最有效的方法莫过于以微笑示人。

2.身体应微向前倾

当你和对方谈话时，身体微微前倾，表明你对他的话题感兴趣。而这对他来说也是一种尊重，他自然很愿意同你交谈。

3.双臂张开，展现你的热情

这是一个热情的动作。可以想象，当你遇到某人时，如果他交叉双臂站着或坐着，说明他很冷漠，一点儿也不高兴。因此，当你交叉双臂站着或坐着时，你给他人的感觉就是你不愿意交谈，你有防备心，你将自己封闭了；手捂着嘴（或手捂着嘴笑）或支着下巴的动作表明你正在思考。反过来，你也可以想象一下，如果是你，你也不会打扰一个正在深思的人吧。另外，如果你双臂交叉，你自身也会局促不安，从而让他人不愿意靠近你，因为在与你交谈时，他们也会感到不自在。

因此，如果你想向听众表达出你的热情，就要张开你的双臂，即便看起来有点夸张，也比交叉抱着双臂要好得多。

除了上述三点外，我们在演讲台上该怎样站，怎么看，甚至要细化到一个眼神、一个动作这些都是重要的问题。懂得恰当地运用体态语，熟悉一些表演艺术，是使演讲者能在台上轻松自然地演讲的必要前提。

总而言之，体态语是演讲表达的重要方式之一，不仅能有效地帮助你传情达意，使你站在台上不至于太呆板，还能塑造你的形象，给听众留下深刻印象。

表情语：用微笑传递友善

法国作家雨果有句名言：微笑就是阳光，它能消除人脸上的冬色。微笑能给听众留下美好、宽厚、平和等好印象，能缩短你和听众的距离。拿破仑·希尔也曾这样说："真诚的微笑，其效用如同神奇的按钮，能立即接通他人友善的感情，因为它在告诉对方：'我喜欢你，我愿意做你的朋友。'同时也在说：'我认为你也会喜欢我的。'"的确，当我们对他人微笑时，传递的是友好、渴望沟通的信息，对对方来说，也自然能感受到你的暗示，也会同样以微笑来回应你。

很多成功者都指出，微笑是与人交流的最好方式，也是个人礼仪的最佳体现。

一位公司经理曾进行过一篇名为《微笑隐藏的力量》的演讲。

在演讲中，他说："我偶然发现了奥巴马的照片，当我第一次看到他的照片时，我认为这些超能力来自他的超大衣领，而现在我知道这全来自他的笑容。"

他认为，微笑不仅是上天赋予人类的精神力量，有着愉悦心情、健康身体、延年益寿的功效；此外，还是留下美好印象的不二法宝，可谓百利而无一害。

因此，在演讲的过程中，你若希望给听众留下一个好印象，就一定要学会露出受人欢迎的微笑才行。因为在这个世界上，没有什么东西能比一个灿烂的微笑更能提升你的个人魅力，更能打动人心的了。

其实，不妨想象一下，当你登上高高的讲台，本身就与听者形成了一定的距离。而此时，你再以一副高姿态演讲，一副拒人于千里之外的神情，哪怕你的演讲很不错，也很难赢得听众的喜欢。

要知道，谁都愿意看见一个笑脸。脱稿演讲之前，不妨先酝酿感情，对听众报以友好真诚的一笑。实践证明，这是一个简单有效的技巧。

可能你会产生疑问，天生木讷的人，该怎样学会微笑呢？而且，人是复杂的感情动物，或多或少都会受自己情绪的左右。对此，我们不妨从三个方面努力。

1.经常对周围的人发自内心地微笑

应该注意的是，微笑不是简单的脸部表情，它应该体现整个人的精神面貌。因此，我们可以在平时多对周围的人发自内心地微笑。这样，就能避免在与他人沟通时笑容僵硬了。

卡耐基鼓励成千上万的商人，花一个星期的时间，每天对别人微笑，再回到公司，谈谈自己的变化。情形如何呢？威廉·史坦哈就是一个典型例子。

"我已经结婚18年多了，"史坦哈说，"在这18年的时间里，从我早上起来，到要上班时，我很少对我太太微笑，或对她说几句话。我是公司里最闷闷不乐的人。

"既然你要我尝试微笑,我就决定试一星期看看。

"现在,我会对大楼的电梯管理员微笑,并说一声'早安',也微笑地跟大楼门口的警卫打招呼;我先对地铁的工作人员微笑,再跟她换零钱;当我站在交易所时,我对以前从没见过我微笑的人微笑。很快我就发现,每一个人也对我报以微笑。我以愉悦的态度,来对待那些满肚子牢骚的人。我一面听着他们的牢骚,一面微笑着,问题就很容易解决了。

"我跟另一位经纪人合用一间办公室,他的一个下属是个很讨人喜欢的年轻人。我告诉他最近我学到的做人处世的哲学,我很为得到的结果而高兴。他承认说,当我最初跟他共用办公室时,他认为我是个非常闷闷不乐的人,直到最近,他才改变看法。他说当我微笑时充满慈祥。"

可以说,是微笑让威廉·史坦哈的人际关系有了巨大的改善。的确,我们每天都要面对烦琐的生活,都要面对工作的压力,我们常常忘记了微笑是什么,该怎样微笑。如果你想成为一个受人欢迎的人,就不要皱着眉头了,学会微笑吧,让你的笑容感染他人。

2.生活中多加练习,养成微笑的习惯

心理学家告诉我们,外部的体验越深刻,内心的感受就越丰富。也就是说,有了外部的"笑容",也就有了内心的"欣喜"。每天晚上对镜中的"你"笑上几分钟,然后含笑而眠;早上起床,心中默念"嘴角翘,笑笑笑",你会发现因为有了笑容，也就有了好心情。

3.微笑时要心存友善

只有友好的笑容，才能让他人感受到你的诚意，也才是自然的，能感动他人的。人们常说"伸手不打笑脸人"，因为微笑就是一种力量，它有一种赢得对方欢心的魅力，可以让你产生无穷的亲和力。

现实中有许多人不爱笑。是因为他们天生不会笑吗？其实不是！很多时候，他们的自我意识太强，一紧张就不容易笑出来，即使笑出来也很勉强，脸部肌肉非常僵硬，这种笑有时比哭还难看。

总之，微笑就像三春的阳光，能融化堆积在人们心灵之间的冰雪，改变听众的心情，制造出演讲中的和谐气氛。在脱稿讲话时，如果你能对听众报以微笑，就会让听众被善意和热情打动，久而久之，听众也会回以微笑。

手势语：让演讲更有张力

作为交流的辅助工具，手势语言的作用也不可小觑。所谓手势语言，就是指人们在语言表达时，因为情绪激动，或者是觉得语言乏力，因而有意识或者无意识地做出的手势动作。通常情况下，手势语言能够辅助正常的语言交流，从而更好地用手势语与他人交流。

生活中，在与他人交流时，我们也常常会情不自禁地使用手势语言。幼小的孩子在父母的指导下，就会与人飞吻；稍微大一点儿后，他们还会对人说拜拜，而且做出相应的手势，这些都是手势语言的最初应用。由此可见，手势语言是伴随着人们的口语发展起来的，可谓历史悠久。在日常交际中，如果我们能够很好地运用手势语言，就能够更好地与他人交流和沟通，为发展人际关系起到良好的作用。

同样，在演讲中也少不了手势语，演讲中的手势，指的就是演讲者的手部动作姿势。演讲的过程，其实就是说者与听众交流思想和观点的过程，与一般的交流活动不同，演讲不仅要"讲"，还要"演"。"演"就是一种演示，大多数时候，演讲者不需要演示的道具，只需要依靠自己的手势，就能巧妙地抓住听众的心。

为此，演讲大师告诉我们，要演讲，就要做足大量的准备工作，不仅要选择最能体现你想法的措辞，用最具影响力的方式演讲，还要确保自己的非语言表达——用你的手势、表情和肢体语言，与你的语言相协调。其中，手势的运用和练习必不可少。

演讲的手势可以分为四种。

一是指示手势。

指示手势指的是演讲者手指指向的方向，而且是听众眼神所能及的，一般演讲者会说"这里"或"那边"，"这边"或"上面"，"这些"或"这一个"等。

二是模拟手势。

演讲者可借用手势来表述一些形状，为的是让听众展开想象，进而对你描述的事物产生联想。例如，演讲时，你想描述一个梨子的形状，此时，你可以双手合抱，以此引导听众去想象。

三是抒情手势。

这种手势一般是在演讲者表达浓厚感情时使用，如慷慨激昂时、伤心时掩面哭泣；兴奋时拍手称快等。

四是习惯手势。

每个人在行为上都有自己的一些习惯，因而也就有了习惯手势，而且每种手势的含义也不明确、不固定，随着演讲内容的不同而体现不同的含义。

在演讲中，如果听众出现一些动作，表明他们对你说的话抱有消极的态度：

①当你兴致勃勃地表达自己的观点时，对方却不时地抓耳朵，表明他对你的话已经不耐烦了，他希望你打住话题，也可能希望你能给他一个表达的机会。

②与你交谈的是一个群体，当你说话时，他们出现了交叉双臂或用手遮嘴的动作，则表示根本不相信你的话。

③说话时用手搔脖子，表示人们对面对的事情有所怀疑或不肯定。

另外，从演讲者的角度看，为了获得听众的信任，产生积极的谈话效应，我们可以尽量做出一些动作。

①说话时，尽量手心朝上，因为这一动作传达的信息是：我是坦诚的、不会说谎的。

②摊开手掌更容易赢得他人的信任，而如果这是你的习惯性动作，就不灵了。

③握手时掌心向上，且垂直与对方握手，能表明你性格温顺，为人谦虚恭顺，愿以彼此平等的地位相交。

演讲的手势可以说是"词汇"丰富，千变万化，没有一个固定的模式。作为一个出色的演讲者，平时要认真观察生活，刻苦训练，积极付诸实践。

当然，在演讲中，运用任何手势都贵在自然，切忌做作；贵在协调，切忌脱节；贵在精简，切忌泛滥；贵在变化，切忌死板；贵在通盘考虑，切忌前紧后松或前松后紧。

在演讲中，我们运用恰当的手势辅助讲话，不仅可以引起听众的注意，还可以把思想、观点和情感表达得更充分、更生动、更形象，从而给听众留下更深刻、更鲜明的印象和记忆。

姿态语：挺直腰板说话更有气场

我们可能都有这样的感受，在开会或者一些公共场合下，一些人即便端坐在最显眼的位置，可听众还是对他们说的话提不起兴趣，甚至昏昏欲睡；也有一些人，笔挺地站在演讲台上，慷慨激昂地陈述着自己的观点，听众也被他们的情绪感染。造成这一迥然不同的现象的原因当然是多方面的，而我们不得不否认的一点是，挺直腰板说话，往往更能体现说话者的积极情绪，也更能打动听者。因此，从心理学的角度看，在演讲时，演讲者只有站立着、挺直腰板才能产生心理优势，更易让自己产生强大的气场。

什么是心理优势呢？心理优势是一种内在自我的空间延伸，直接决定了一个人对周围人的影响力。你是一团火，旁边的人就感到热；你是一块冰，旁边的人就感到冷；你是一缕春风，旁边的人就感到舒适怡然，所以我们要在人群中活得自由快乐，首先要使自己具备一定的心理优势。

事实上，一些人在演讲中，总对别人采取躲避的态度，总是表现出一副毫无精神的状态，要么想寻找"一把椅子"，要么疲软无力，这种人是很难在演讲中成功影响听众的。你要想克服这一点，首先就要大胆站起来，挺直腰板，让听众看到你的魅力。

一天上午，某班级上了两堂课。

第一堂课是陈老师的数学课。陈老师是个资深教师，上课时他喜欢先带一把椅子，然后坐在讲台上，只有必须要在黑板上写字时才站起来。这种授课习惯导致很多学生昏昏欲睡，对此，陈老师很愤怒。下课后，陈老师就把学生叫到办公室，说："我看你实在太疲累了，眼下高考在即，你必须调整好自己的状态。这样吧，老师干脆让你回家好好休息一下，再精神饱满地投入学习。"学生自然不肯，老师坚持，学生只有流泪无语。

第二堂课是王老师的语文课。她走进教室时,自己先把椅子搬到讲台下,再开始上课。课上,她看见黑板没擦,就主动擦黑板,边擦黑板边讲课,说:"今天的值日生可能太困了,今天老师替你值日了啊。"说完,同学们都笑了,打瞌睡的学生也醒了。随后,在这堂课上,因为发现同学们的学习兴致都不高,于是,王老师就在教室里边走动边讲课,打瞌睡的学生们一个个都清醒过来了。

经过对比发现,老师在上课时的姿态直接关系到学生的听课情绪,站立、走动着为学生讲课,更能带动课堂的教学气氛和学生学习的热情。因此,作为一名教师,如果能改变自己的授课方式,是能有效地解决学生在课堂上昏昏欲睡的现象的。学生的学习热情提高了,就能做到不旷课,不迟到早退,上课认真听讲。

的确,挺直腰板说话,能创造心理优势,但不是所有的人都能做到"站如松",体现出自己的精气神,甚至有些人一站到众人面前,就畏畏缩缩,不知从何说起,这对你的演讲效果是极为不利的。

1.底气十足,营造有利于自己的演讲气氛

有些人既想在众人面前谈论自己的观点,又怕被别人耻笑。于是,在这种左右矛盾的心理影响下,虽事先想好了许多话,可是一站在生人面前就全忘了,大脑仿佛一片空白。另外,当我们唯唯诺诺地站在对方面前时,人家也会认为我们心里没底,自然不愿与我们交往。而假如在演讲前,他们先调整好自己的心态,主动营造一种有利于自己的演讲氛围,或许又是另外一种情况。

2.时刻保持良好的社交礼仪

中国是礼仪之邦,万事以礼相待,一个懂得礼数的人会做到"坐如钟,站如松",由内而外散发出吸引人的气质,这种人往往也不缺朋友。

总之,在演讲中,挺直腰板说话能为我们创造心理优势,让听众看见我们的良好素质和修养,从而愿意接纳我们的观点。

第7章

脱稿训练，掌握信手拈来的即兴演讲方法

演讲的形式有很多种，其中就包括脱稿演讲，与带稿演讲相比，脱稿难度要大得多，演讲者更容易在说话时出错，因而更考验演讲者的知识储备和语言表达能力。要想成为一个演讲大师，就要注重脱稿演讲的练习，在抛开演讲稿的情况下，能做到信手拈来、侃侃而谈，就一定能给听众留下深刻的印象！

脱稿演讲，需要先高屋建瓴地构思

任何一个人在建造房屋前，都绝不会在毫无准备的情况下就动手。同样，在脱稿演讲中，在目的没有明确、没做足准备的情况下也不要妄自开口。

我们要把任何一场演讲都看成是有目的的旅程，必须事先绘好行程的图表。一个人随便从某处开始，通常也就终止于某处了。

卡耐基一直想把拿破仑曾经说过的一句话"战争是门科学，未经计划、思考，休想成功"漆成浅红色的，挂在课堂的大门门口。

其实，这一道理同样能放到演讲中。然而，一些人，尤其是那些初学演讲的人更是花很少的时间去做演讲前的规划，因为规划需要花费时间和精力去准备、思考，也需要意志力，思考毕竟是一个不怎么快乐的过程。发明大王爱迪生曾把雷诺德爵士的一段名言放到了工厂的墙壁上："成功之道，唯有用心思考，别无捷径。"

无论如何，正如建造房屋一样，需要从全局把握。

因此，可以说，无论是脱稿讲话还是即兴演讲，其实都是没有多大难度的，我们也完全有时间在讲话前高屋建瓴地构思。只要我们能够镇静一点，从容一些，充分地发挥一下个人的聪明才智，就一定能够取得很好的说话效果，也能够得到别人的支持和赞扬。

一位著名的政治家能够应对各种各样的社交场合，和不同职业、不同信仰不同层次的人打成一片，因为他懂得利用营造温馨的气氛来亲近他人，进而提升交际效果。

有一次，他进行政治考察，许多当地知名人士都前来欢迎他的到访。他拉着一个衣着考究、举止文雅的中年男子的手，紧紧地握着，十分热情而又诚恳地说："感谢您在百忙之中来到这里，太感谢您了。请问，令尊还好吗？"那个人激动得说不出话来。亲切的话语，热烈的表情，让很多人感觉两者是至交。

政治考察取得了圆满的结束。

在返回的路上，他的秘书依然对其表现感到不解，忍不住问道："那个中年男人是谁啊？我怎么从来没有见过？"政治家的回答让所有人都非常意外："我也是第一次见到他，不知道他是谁。"秘书更加不解了："那为什么您还热情地问起他的父亲？"政治家意味深长地说："谁都是有父亲的。"

在这则故事中，政治家是怎样建造认同感的？他利用了人们的共情心理，打出了亲情牌，这就是一种高屋建瓴的说话策略。

我们要学会在较短的时间内在不同的场合应对自如。这就要求我们开动脑筋，懂得把握演讲的局面，从而提升自己的演讲水平。

另外，口才训练大师卡耐基强调："一个人的成功，只有15%归功于他的专业知识，还有85%归功于他表达思想、领导他人及唤起他人热情的能力，即驾驭语言的口语表达能力。"一个善于脱稿演讲的人必定要有较高的思维能力。事实上，也只有那些具备较高的思想水平和政策水平的人，才能在自己演讲时高屋建瓴，且从全局和事物发展的大势上把握问题、思考问题和解决问题，自然也能够以自己的领导魅力征服听众。

因此，我们应在脱稿演讲之前准备好演讲的主体思路和大纲，再根据自己的语言、思路来发挥，这样才能更好地打动听众。

即兴演讲要做好心理准备，并快速组织语言

在现实生活中的很多场合，谁都有可能被要求讲几句话或一段话，而且不是每次讲话都有写好的讲稿，这就要求我们具备快速组织语言的能力，也就是即兴发表演讲。

的确，在现代社会，出于社会的需要和现代人沟通的习惯，每个人都要掌握即兴演讲的能力。相对来说，人们在说话时的语言表达多半是即兴的。例如，朋友相遇时的寒暄、酒桌上要言不烦的祝词等，在这些情况下，我们不可能事先写好演

讲稿。因此，即兴演讲对每一个人来说都是非常重要的。如果没有即兴演讲的能力，就很容易无言以对，说话颠三倒四，让人难堪至极，相反，学会即兴演讲，能让我们在各种社交场合如鱼得水。

事实上，任何一个只要是能控制自己的正常人，其实都可以做出令人接受甚至是精彩的即兴演讲。卡耐基经过分析和研究发现，我们是能够找到一种或几种方法，来帮助自己在被人突然邀请上台的情况下流畅地说几句的。

在卡耐基的训练班里，他会经常请学员站起来做即兴演讲。卡耐基称，这样的练习对提高演讲能力有两方面的作用。

"一方面，它能增强学员的信心，让他们相信自己也是能思考的；另一方面，有了即兴演讲，在做有准备的演讲时，也能不慌不忙和更有信心。"

这些学员都知道，即便是那些可以在事先做准备的演讲，在开始演讲后也有可能出现头脑中一片空白的情况，但多多练习即兴演讲之后，他们就能条理清晰地说话了，直到能将思维重新拉到原来的话题上。

因此，卡耐基经常会临时通知学员们："大家今天晚上到这里集合，到时我给大家一些不同的题目做即兴演讲，所以只有大家晚上来这里后才知道自己演讲的题目。祝大家好运！"

到了演讲前大家才发现，会计师拿到了广告的题目，广告销售员则发现题目是有关幼儿园的；老师的题目是银行业务，而银行家的题目却是教数学；司机被指定谈生产，而生产专家则要讨论运输。

这些学员会不会因为题目太难而放弃呢？并没有。这些学员会将自己拿到的题目和自己熟悉的知识联系起来，刚开始在这样演讲时，可能讲得并不好，可至少他们有勇气讲，他们有勇气站起来。可能有些人觉得困难，有些人觉得不是那么难，而总的来说，这都是一种历练和体验，他们演讲后会发现，原来自己还有这样的能力。

不只是这些学员，任何人只要也有这样的意志力和信心，只要敢于尝试，就都可以做到。

为此，我们需要掌握三个步骤。

1.做好心理准备，准备好题材

当你在毫无准备的情况下被举荐发表演讲时，多半情况下，大家都希望你能在某个方面给出自己的看法。

因此，在此之前，你就需要对这一情况有一定的心理准备，而且要做到在最短的时间内大致梳理出自己想要谈的内容，即便你不知道是否会被举荐，也要事先准备。你可以询问自己：假如我被叫上台演讲，我该说些什么呢？今天的会议上适合说什么样的话题？对提出的问题，该怎样措辞才能表示反对或者赞同？

2.快速构思

有了这样的心理准备后，接下来你要做的就是思考，而且是不断地思考。思考是世界上最难的事，也是最常见的事。事实上，即便是那些已经称得上是演讲家的人，他们的每一场演讲，也肯定是少不了思考的。这就好比一个飞行员，要不断地向自己提出难题，只有这样，才能随时准备去应对可能出现的紧急状况。任何一个演讲高手，也都是在历经了无数次的演讲且总结经验后，才能做到准备妥当的。其实细究起来，这样的演讲也不是严格意义上的即兴演讲，因为在平时已经为其做过准备了。

3.组织语言

拿到题材后，也已经做好心理准备了，接下来就要组织语言，以便更适应时间和场合。既然是即兴演讲，演讲时间一定不会太长，你要做的就是考虑场合问题，你不必一直向公众道歉，说自己没有准备好。你要在最短的时间内入题，然后迅速思考。如果到现在你还做不到这一点，那就一定要认真阅读接下来的几点忠告。

即兴演讲最忌讳的就是信口开河，所以千万不要东拉西扯，将一些完全不相干的事物硬拉到一起。你必须要有一个中心，所有的理念、论据归纳而言都是围绕这个中心在进行。另外，假如在整个演讲中，你始终能抱着真诚的态度的话，你会发现自己的演讲是充满激情的，效果也是显著的，是其他一些已经做足准备的演讲所不能比的。

牢牢记住这些忠告，即便被推举做即兴演讲，你也可以得心应手、无往而不胜了。

即兴演讲要充满新意，才能高潮迭起

敢于打破常规是一个人智慧和自信的体现，也是创新精神的象征。在脱稿演讲中，能否在语言上做到推陈出新，体现的就是语言水平。相反，如果总是一副"老面孔""老调子"，即便是真理，也会让人厌烦。所以，必须把真理讲出新意，让人乐于接受，才能引起广大听众的共鸣。

有一次，王主任召集全单位人员开会，会场当时比较嘈杂，听众情绪还未安定。

王主任开头了："有个笑话说，张飞和关羽参加刘备召开的军机会议，当时大家正交头接耳，刘备无法讲话。张飞说：'哥，看我的。'于是他用在长坂坡喝退曹军的大嗓门吆喝一声，可大家并没有安静。关羽说：'小弟，你不行，还是看我的。'于是，他坐在刘备的位子上，捋须凝目，似有所思。这下子大家觉得奇怪，倒安静下来了。

"其实，这只是个笑话，刚才大家交头接耳，现在为什么静下来了？这个问题留给大家思考，我今天要讲的主要内容是……"

王主任开口就是一个生动的故事，立即引起了听众的注意，整个会场很快就安静了。

还有一次，王主任发现现场气氛太紧张，为了把气氛搞得活跃些，他开口说道："有个善于演讲的人总结了一条经验，要调动会场情绪，只要注意看两个人：一是长得最漂亮的，看着这个人，可以使你讲话更有色彩；二是要注视会场上最不安定的听众，镇住他，可以使你讲得更有信心。我想学习这个方法，可咱们这儿长得漂亮的、英俊的有100个，也没有发现不安定的听众，这可叫我难办了。"这段话讲完了，大家的情绪得到了缓解，全场的气氛不再紧张了。

在这里，王主任巧借环境，用风趣幽默的开场缓解、调节了现场气氛，使大家的情绪得到了缓解，较好地融入演讲的氛围中。的确，演讲总是在一定的环境中进行的，讲话的顺利进行有赖于良好的气氛，而不俗的开口往往会使下属感到你说的是与自己切身利益相关的问题，或是大家共同关心的问题，就能刺激听众的兴奋点和吸引其注意力，调动各种积极因素，使演讲获得圆满成功。

那么，我们该怎样在脱稿演讲中做到与时俱进呢？

1.紧跟时尚，掌握时代的潮流

时尚是一个时期内比较流行的生活方式和文化理念。它以各种物质的形式表现，表达了时下人们的思想认识和价值观念，也体现了绝大部分人的精神需求。时尚是一种潮流，是正在进行着的社会文化现象。假如一个人脱离时尚，就意味着被时代抛弃，也无法在交际生活中和别人产生共同的话题。一个不懂时尚的人在和别人交谈的过程中，说出的内容会因为缺乏时尚元素而显得乏味，受欢迎程度也必将大大降低。

同样，在为脱稿演讲准备素材时，我们也要紧跟时尚，如了解短时间内流行的服装款式、电影类型、前沿杂志、热门话题，等等。这样就能够走在时代的最前沿，不至于被社会大潮抛在后面。紧跟时尚的生活方式和精神状态，不仅能够让你适应一个特定时期的文化气息，更能让你在演讲时言之有物、推陈出新。

2.关心政治，了解时事

我们处在一个与世界交流越来越频繁的时代里，报刊、电视、互联网传递着世界各地的政治事件和时事新闻。如果连续几天不上网，不看报纸、电视，就会有一种被世界抛弃了的感觉。当别人谈及各种新闻时，你只能在一边竖起耳朵稀里糊涂地听着。

另外，在公众场合讲话时，你的语言也会显得空洞乏味。政治和时事与每个人息息相关，如果一个人紧闭房门，两耳不闻窗外事的话，显得既缺少知识又没有趣味。

3.在语言表达上推陈出新

生动才能吸引人，演讲需要使用新颖生动的语言，才能使听众对你的演讲产生兴趣。反之，如果你总是老生常谈，就会让听众觉得索然无味，也不会对你的演讲有任何兴趣。

4.尽量添加幽默的元素

幽默风趣是一种"快语艺术"，它突破了惯性思维，遵循的是反常原则。在脱稿演讲中，我们必须要想得快，说得快，触景即发，涉事成趣，出人意料，又在情理之中，使听众易于在欢笑中接受。

总之，在脱稿演讲时，传统的讲话方式未必能够达到我们想要的结果，这时就不妨转换思路，用新的语言表达方式表达观点，这样，不仅能够准确地传递个人思想，更重要的是，还能够迅速地提升自己的影响力。

即兴演讲最考验讲话者的表达能力

被邀请当众讲几句话或一段话，最考验我们的口才与应变能力，只有注意掌握一些表达技巧，才能做到心中有数，脱稿不慌。

一次，据说某企业家出现在大学的校庆演讲台上，未开口倒也威风凛凛，大有学界泰斗之状；然而口一张，原形毕露，信口雌黄，粗俗不堪，搞得满座师生愕然。他开口的内容大致是："诸位，各位，在齐位：今天是什么天气？今天是演讲的天气。开会的人来齐了没有？看样子大概有个五分之八吧，没来的举手吧！很好，都到齐了。你们来得很茂盛，敝人也实在……"

这位企业家一开口就原形毕露，露出其"不学无术"的本来面目，在大学的校庆上出丑，就是语言知识的匮乏导致的。假设他是个腹有诗书之人，估计也不会闹出这样的笑话。

当然，要想让脱稿演讲达到预期效果，还是要掌握一些表达技巧。

1.注重平日的积累和信息的筛选与运用

不积跬步，无以至千里；不积小流，无以成江海。我们要想整个演讲娓娓道来、浑然天成，不仅需要口才，更需要注重平日里的积累。另外，在演讲中，我们还要善于筛选信息，要从获得的知识中选择那些有新意的知识点和真实有效的信息。

2.开口前梳理自己的演讲内容，做到条理清晰、重点突出

不管什么类型的演讲，最忌讳的就是空洞无力。很多时候，台上的演讲者滔滔不绝地说了半天，听众却听不明白他要讲什么，这样的讲话自然是无效的。因此，在开口之前就要梳理自己的演讲内容，这样在演讲时才能做到内容充实，条理清楚，重点突出。

条理清楚，就是要明白先说什么，后说什么。也就是说，你演讲时思路要非常清楚，一层意思一层意思地讲，不要东扯葫芦西扯瓜，语无伦次。

脱稿演讲要层次分明，让听众一听就懂，力戒"以其昏昏、使人昭昭"。例如，现场会介绍引进的重点项目，要重点介绍项目引进、建设、生产及效益等，不必过多纠缠项目的辉煌历史、宏大规划等，让听众心中清楚即可。

重点突出，就是在发言时确定详说什么、略说什么。当然，这要根据具体的情境需要而定。

3.力求言简意赅、言之有物

脱稿演讲要结合场合，紧紧围绕一个中心，所有论据、论证都围绕中心服务。例如，脱稿演讲的场合是表彰大会，讲话内容自然是围绕"如何取得成绩"这一主旨，不论从主客观等多少因素分析论证，最终的归宿始终应是"如何取得成绩"。

4.以肢体语言配合演讲

我们在演讲时要做到仪态得体，要站有站相，坐有坐相，落落大方，给人一种冷静沉着、气度不凡的感觉，于细微处展现干练。

5.善用手势

手势是在脱稿演讲时个人情感的自然流露，不过需要注意的是，无论是手势的部位、幅度、方向、力度，都应与讲话的有声语言、面部表情、身体姿态密切配合，协调一致，不可生搬硬套，勉强凑手势。

另外，在运用手势的过程中，切忌一成不变只做一种手势，要避免单调呆板。

在公共场合，当被推举演讲时，一定要在短暂的准备时间内在脑海中找到生动的例证和恰当的词汇，且注重自己的表达技巧，这样才能为即兴演讲增添魅力。当然，这就要求我们在日常生活和学习中加强自己的知识储备。

脱稿演讲中的语言表达有哪些要求

语言是交流的重要工具，语言表达是一个人能力的重要体现，也是一个人应具备的重要素质。不得不说，相对于普通的演讲来说，脱稿演讲的难度要大得多，其中一个重要的方面就是遣词造句。脱稿演讲需要演讲者有更高的语言表达能力，做到用词准确、一针见血，而不是泛泛而谈却说不出个所以然来。

因此，我们对脱稿演讲是有一定语言要求的，因为脱稿演讲的目的同样是为了向听众传达思想、表达观点，如果语言表达不够清楚，造成的结果有可能是你在那儿讲了大半天，听众却未必能明白其中的真意。如此，就等于白讲了。

因此，我们一定要句句达意，针对某个问题，要把其中的利害关系说清楚，把怎么办说清楚，使台下的人听后完全意会，切忌在半空中论过去、议过来，主题散乱而不清晰。表达是否清晰将在很大程度上体现一个人的口才水平高低，还能够直接体现我们的思想理论功底、政策水平、逻辑思维能力。卓越的演讲者能够清晰地表达自己的思想及观点，往往能透过现象看本质，一针见血地指出问题，再清楚地提出解决问题的办法。

其实，脱稿演讲是否达到了预期的目标，就要看它是否被听众所理解、接受。当然，要想让听众能够准确理解话中的含义，首要条件是需要具备良好的语言表达力，即清晰地表达自己的思想及观点。相反，如果语言表述不够清楚，听众就会一头雾水，似懂非懂，最后，自然不能理解我们的想法。

很多时候，一个人之所以能用寥寥数语就赢得民心，重要的原因不在于他有多么好的口才、有多么好的语言表达能力，而是在于他的语言朴实无华，情深意切，打动人心。

要达到这样的效果，在脱稿演讲中，我们要在语言上达到两个要求。

1.准确运用语言

演讲要注意语言运用的准确性，要做到"两通""一短"。

两通，一是通俗。演讲是要让听众接受的，所以让听众听清楚和明白是前提，语言要恰当、通俗易懂。我们不要自以为是地追求一些华丽的辞藻，说一些生僻怪异、晦涩难懂的词语和术语。就算引用古语典故也要准确，要注意听众和语言环境，要使人能够理解。

二是通顺，即要注意自己的表达，说话不能模棱两可，要朗朗上口，听起来也要悦耳动听，千万不要用拗口、别扭的语言。

"一短"就是要句子要短，我们在演讲中尽可能用短句子，有的句子太长了，就会让人听不清，容易让人产生误解。

2.因时制宜、因地制宜、因人制宜

脱稿演讲一定要切合语境，指的是我们演讲时要根据当时的环境、时间、地点以及演讲的目的来决定演讲的内容，而不是一上台就自顾自地胡乱说一通。

要想做到脱稿演讲，就要提高自己的语言表现力，讲话要句句含真意，表述足够清晰，听众才会真正领悟到其中的真意。有效表达的首要条件是知道什么时候说什么话，要清晰、准确地反映自己的思想、感情。

如何寻找脱稿演讲中的话题

在生活中,我们在公共场合脱稿演讲,都希望能赢得听众的掌声,可毕竟和带稿演讲不同,脱稿演讲更灵活,我们也担心在演讲中出现无话可说的情况。可能你也有这样的经历:本来你在演讲台上侃侃而谈,却发现自己找不到继续谈下去的话题了,此时就陷入了尴尬的境地。为此,我们都感叹,在脱稿演讲中怎样选择话题才能避免无话可说,才能让听众听得兴致盎然呢?

为此,我们可以遵循三点建议。

1.谈公众关心的话题

在确定谈一个话题之前,你应该考虑到这个主题有何价值,要知道,不是所有的话题都能激发听众的兴趣。毕竟,演讲是一种社会活动,是用于公众场合的宣传形式,你的目的是要"征服"听众,你的话题也就要是公众关心的问题,只有这样,才能起到一定的社会效果,让听众心悦诚服。

另外,你还需要了解你的听众群体,不同层次的听众,关心的问题也是不同的。

2.有趣的话题

谁都不想听别人的说教,要想演讲成功,就要让演讲变得有趣,让大家感到愉快,至于你到底说什么,其实大家不会太在意的。还要记住一点,世界上最为有趣的事,通常都是精妙的奇闻趣事,这样的话题,听众是乐于听的。

3.谈感性的话题

在卡耐基的训练班上，有一位学员总为一件事感到苦恼，他认为要提高自己的兴趣和激发听众的兴趣都是很难的事。有一天晚上，以"人性故事"为主题，他向其他学员讲了两个他大学同窗的故事。

第一个同窗，为人谨慎小心、锱铢必较，拿买衬衫这件小事来说，他一定要在当地不同的店里买衬衫，再画张表格，看看到底哪一件更耐穿，更经得起洗熨。通过精打细算，他使自己的每一分钱都得到正确的利用。从工学院毕业以后，他自命清高，不愿意和其他同学一样从最简单的工作做起，而总认为会有更高端的工作在等着他，于是，在三年后的同学聚会上，他还在画他的衬衫熨洗表，还在等好工作降临，当然，他什么都没等到。后来，他开始工作，谋到了一个小的职位，一辈子满腹牢骚、没有进步。

第二个同窗，已经实现了当初的愿望。他平易近人，大家都很喜欢他。他有着很强的抱负心，却脚踏实地地从绘图员开始做起，同时在等待一个机会。当时，纽约世界博览会正在计划阶段，他知道那里需要他这样的人才，所以便离开了费城，去了纽约。到了纽约之后，他与人合作，马上做起了承包工程的工作，接了很多电话公司的业务，后来他被博览会高薪延聘。

这里提及的只是那位学员演讲的一个概述，其本身演讲的过程更有趣，也更有人情味，可谓是妙趣横生。在平时，他连三分钟时间都说不到，可这次，就连他自己也吃惊地发现，他竟然足足讲了十分钟，而听众还觉得意犹未尽，可见他的演讲多么精彩。

我们每一个渴望提高自己演讲能力的人都应该从这一事例中获得启示，本来很平淡的演讲，如果能在其中加入一些感情的、趣味的话，也是能起到激发听众兴趣的作用的。这需要你在演讲中只提重点，再用具体的故事和实例引证，才能吸引人。

当然，这种富有人情味的话题材料，最好的来源正是自己的生活。在脱稿讲话时，不要总认为不该谈论自己，事实上，只有说话狂妄自大、以自我为中心的演讲者才会让听众讨厌。诉说自己的亲身经历，是能引起听众的兴趣的，这也是抓住听众耳朵最有效的方法，我们千万不要忽略这一点。

第8章

控场训练，练就出色的危机应对能力

在公共场合演讲，我们都希望一切顺利，然而，出于各种原因，演讲时往往会出现一些突发状况，此时，是否懂得临场发挥，是衡量一个人综合素质能力的重要标准，更是演讲能否成功的基本保证。因此，任何一个演讲者，要想获得好的演讲效果，就要具备一定的应变能力和把控全局的能力，而这一能力，需要我们平时多加训练，进而在遇到突发状况时及时调整心态，及时修正、补充自己的演讲内容，为演讲成功打下良好的基础。

洞察听众的反应，随时调整话语动向

西方有位哲人说过："世间有一种成就可以使人很快完成伟业，并获得世人的认识，即讲话令人喜悦的能力。"我国也有"一人之辩重于九鼎之宝，三寸之舌强于百万雄兵""片语可以兴邦，一言可以辱国"的说法。一个具备较高的讲话水平的人，更是如鱼得水，如虎添翼。甚至有人说，谁掌握了讲话艺术，谁就拿到了走向成功的护照。因此，我们需要发表演讲，从某种程度上说，"讲"得如何，直接影响到自己的前途。

一个优秀的演讲者在发表演讲时，并不是只顾自己滔滔不绝地讲述观点，还很重视听者的反应，分析听者的心理，当发现自己的讲话不对听者的口味时，就会立即调整话语动向，以使自己始终掌控全场气氛。

曾经有个国外记者问中国的领导人，外资近几年是否可以进入中国开办银行，这一问题当时并没有得到规划和落实，如果直接回答"不知道"或"无可奉告"，无疑会给国外的这些记者留下口舌。只见这名领导人回答道："你们愿意来中国开办银行，我们表示欢迎，不过，不要来得太快；来得太快了，你们赚不到钱，可不要埋怨我哟。"

记者问这个问题，表明外资银行极其关心这一问题，而且明确表示想得到肯定的答案。中国领导人的回答，正是将本来否定的答案变成了肯定，既满足了记者的希望，又准确地传达了实际信息，而且不伤感情，体现了高超的语言艺术。

事实上，演讲很多时候就是为了向听众传达某种观点或思想，让听者接受。在接收到听者的信息反馈之后，我们就需要修正自己演讲的内容，使之更容易被听者理解和接受，更符合听者的胃口。

同时，不得不承认，任何演讲即使准备得再充分，都不可能预测到演讲过程中可能出现的"意外情况"与"偏差"。对话过程中，不断地接受听者的表情动作和话语中传达的反馈信息后，再修正演讲的内容与方式，可以使双方的立场更接近，使沟通更顺畅。具体来说，我们需要做到三点。

1.细心观察，从表情与动作来了解听众的反应

每个人在倾听他人演讲时会产生某些不同的倾听效果，而这些效果，通常都是通过表情与动作来体现的。一般来说，分为以下三种情况。

第一种情况，如果听众眼神中充满了迷惑，适应不了演讲的节奏而显得慌张，就表示他可能关注了演讲内容，却不能完全理解。

第二种情况，如果听众在听你的谈话时，目光注视着你，随着讲话的节奏思考，表示他不仅喜欢演讲的内容，而且有比

较深刻的理解。

第三种情况，如果听众经常做些别的事情，不时打断讲话，就表示对这次演讲不感兴趣。

眼神、面部表情、肢体动作等都可能蕴含着这方面的信息，讲话者如果不注意观察，只是一味讲自己的话，就很可能造成演讲者与听话者各取所需、互不相干的尴尬境遇，使演讲成了个人的自我表现。

2.聆听听众的回答

任何沟通都是双向的，演讲也是。我们在演讲时，不能只顾自己表达而忽视听众是否接受，不能只讲不听。

因此，一个高明的演讲者在演讲时，往往很注重与听众的沟通，在讲完自己的话之后，或者在完成要表达的内容后，会主动提出让听众发言、表达想法。这样做，一方面有利于了解听众对自己演讲的理解程度，有利于信息的反馈；另一方面，聆听是一种对他人的尊重，更是一种人际交往的艺术。一个优秀的演讲者，必须是一个虚心的聆听者。只有在聆听了对方的讲话之后，才能更好地了解对方的性格、素养和态度，才能更好地把握对方的心理，对下一步要说什么有更好的判断，从而能在讲话时更有针对性，使对方也愿意聆听自己的演讲。

3.不断地修正自己演讲的内容与方式

这需要我们迅速地调整自己的演讲内容，同时要保持演讲内容的前后连贯一致。在这个过程中，既要能投对方所好，说出对方想听的话，又要能把自己的意图表达完整，掌握谈话的主动权。

总之，讲话是沟通的桥梁，这个桥梁的稳固需要的就是四个"墩"：准确表达、细心观察、及时修正和丰富的感情。在演讲中，我们若能时刻牢记这些技巧与方法，将使你在演讲中跨越重重障碍，顺利实现自己的目标！

演讲者发表演讲，听众会对其演讲内容产生不同的反应，并通过声音、动作以及面部表情表现出来。有经验的演讲者会把握听众的这些情绪，即"看着人演讲"。一旦看到听众情绪异常，或喜或悲，或笑或气，就应及时调整演讲内容，直到听众情绪符合演讲者的需要为止。这就要求演讲者学会演讲中的"变"术，在演讲过程中随时捕捉听众的心理变化，把听众的情绪逐步推向高潮，达到台上台下共鸣的效果。

冷场时，如何重新炒热气氛

在演讲中，我们都希望整个过程一帆风顺，都希望获得满堂彩，然而，这只是美好的愿望，很多时候还是会出现一些意外的状况。例如，或许因为语言失误，或许因为听者对你演讲的内容突然不感兴趣，原本活跃的现场气氛会一下子冷下来，造成冷场。当然，这一局面出现的根本原因在于我们的话没有吸引力。听者仅是出于纪律的约束或出于礼貌而扮演一个"接受"的角色。对演讲者而言，冷场无疑是一种"冰块"，令自己窘迫。

普列汉诺夫曾有一次在日内瓦演讲的经历,演讲内容关于"无产阶级与农民",会场当时乱哄哄的,普列汉诺夫根本无从开始演讲。但他没有示意大家安静,而是双手交叉在胸前,目光坚定地扫视着会场。

看到这一动作,会场的一部分听众安静了些,此时,他大声说:"如果我们也想用这种武器同你们斗争的话,来时就会……"他停顿了一下,听众以为他会说炸弹、武器、棍棒,然而他继续说:"就会带着冷若冰霜的美女。"此语一出,整个会场笑声一片,甚至连一些反对者都笑了起来。普列汉诺夫见时机已到,话头一转,又重新回到了演讲的正题上。

任何一个演讲者都希望听众在轻松、活泼的氛围中接受自己的意见和观点,因此,一旦出现冷场,我们就要想方设法地拉回气氛。

要扭转这样的局面,我们可以掌握四个方法。

1.转换话题

转换话题,指的是在当众发言的过程中,如果遇到冷场或某些尴尬的话题,可以通过暂时转换话题的办法重新吸引听众的注意力、调动听众的情绪。其中就包括穿插一些轶事趣闻。

遭遇冷场时,我们如果能恰当而又适时地讲述一些轶事趣闻,就能抓住人们渴望趣味的视听倾向,会使混乱或呆板的演讲现场马上活跃起来,听众的注意力也会被迅速地集中到演讲内容上。这时，演讲者仍要回到原有话题的轨道，这时的效果就要理想得多了。

2.制造悬念，拯救演讲危机

一个高明的演讲者肯定会活跃演讲气氛，他们很善于制造悬念。一个好的悬念能起到拯救演讲危机，让自己再度成为听众的关注中心的作用。

因此，在演讲中制造悬念，可以有效地吸引听众的注意力，使演讲内含的信息和情感得以准确传达。如果我们能在出现冷场的情况下，适时地制造一两个悬念，确实能够重新吸引听众注意力。

3.适时地赞美听众

演讲时如果忽略了听众，自然会导致冷场。此时，我们应当注意采用恰当的方式，拉近与听众的心理距离。贴近听众的一个有效方法就是发自内心地赞美听众，用中情中理的话语拨动听众的心弦，激起其共鸣，使其重新对演讲产生浓厚的兴趣，从而打破冷场的尴尬局面。

4.引导听众参与到演讲中来

造成冷场的原因之一，就是演讲者单向地陈述问题，而听众被动地接受信息。也就是说，如果我们在以自己的演讲词和形象的语言感染听众的同时，听众的积极回应也有利于推动演讲的顺利进行。

因此，要改变这种尴尬局面，可以从这里入手。例如，我们可以向听众提出富有针对性和启发性的问题，可以调动听众参与演讲活动的热情，使其意识到自己也是整个演讲的一个重要组成部分，就会有效地避免和打破冷场。

例如，一位领导正在面向群众开展普法意义的演讲，由于话题具有一定的专业性，听众的注意力分散了，进而不少人开始交头接耳。这时，这位领导及时提出话题："请开小差的同志们想一想，如果自己的权益受到了侵害，我们又将怎样来寻求法律的帮助呢？"这样一来，交头接耳的听众就能重新转移注意力。

总之，只要能做到上述几点，当出现冷场时，及时采取控制手段，就能扭转局面，让演讲顺利进行！

遭遇挑衅和刁难，以微笑"对待"

在演讲场合，我们不能否认有一些听众是不怀好意的，或许是竞争对手，或许是看不惯我们的人，他们总是伺机出难题，甚至会故意挑衅、刁难我们，这种情况很容易使我们处于不利的地位。这时，如果我们能让自己的思维展开飞翔的翅膀，运用幽默机智，绵里藏针，柔中寓刚，就能巧妙地粉碎他人的挑衅，从矛盾中解脱出来。

鲁迅说："用玩笑来对付敌人，自然是一种好战法，但触着之处，需是对手的致命伤。'幽默'或'玩笑'，也都要生出结果来的。"可见，不动声色、微笑是回击他人挑衅的有效手段之一。

马克·吐温去拜访法国名人波盖，波盖取笑美国的历史很短："美国人无事时往往爱想念他的祖宗，可是一想到祖父那一代，便不得不停止了。"

马克·吐温便以充满诙谐的语句说："当法国人无事时，总是尽力想找出究竟谁是他的父亲。"

马克·吐温没有直接反击这位法国名人的取笑，而是以牙还牙，借助对方的话语，指出法国人的缺憾。因此，这一反击很有力度，可谓耐人寻味。

维特门是哈佛大学毕业的著名律师，当选了州议员。

有一次，他穿着乡下人的服装到了波士顿的某旅馆，被一群绅士淑女看到了，这群人就戏弄他。维特门说："女士们、先生们，请允许我祝愿你们愉快和健康。在这前进的时代里，难道你们不可以变得更有教养、更聪明吗？仅从我的衣服看我，不免看错了人，因为同样的原因，我还以为你们是绅士、淑女呢。看来，我们都看错了。"

这里，维特门采用的也是如同马克·吐温般的幽默，巧妙地封住了敌人的嘴。

同样，在公众场合，你的言论难免会成为某些人的攻击对象。此时，冷却情绪，运用绵里藏针的力量微笑回击，既能击退听众的挑衅，又能使演讲继续。

当然，面对他人的挑衅，要想做到轻松摆脱听众挑衅的尴尬，就要有大度能容的心胸，因为我们不可能希望每个听众都把我们当朋友、接受我们的观点。同时，我们最好能掌握一些能击退听众恶意攻击的方法。

1.保持灵敏，预先察觉出对方的态度

一个猎手如果只知道带枪，而不知道如何瞄准、等待时机扣扳机，就永远也捕捉不到猎物。同样，在反击之前，一定先要听明白对方的话语，以便把握目标，瞄准靶子再放箭，这样才能既不滥杀无辜，也不放过小人。

这种应变对策还贵在预先发现对方的攻击倾向，这就要求我们机变睿智，能够及时判断出对方下一步要玩弄的手段，抢先给对手设置拦路板，使他要施展的手段失去用武之地。

2.冷却情绪

被听众攻击难免会生气，而在气头上，你就很容易会被冲昏了头，走上情绪的不归路，因而首要之务，就是得先为自己的情绪降温。这话说来容易，该怎么做到呢？你可以转移自己的注意力。例如，在心中默念"一、这个茶杯是黄色的……二、他穿的毛衣是黑色的……"数十至十二项物体的颜色，你就会发现自己冷静多了。

3.使用建设性的内心对话

赫尔明曾说："许多怒火中烧的人不分青红皂白地责备任何人和事，而使怒气徘徊不去的是你自己的消极思维方式。"任何情绪都来源于自己的想法，在面对他人挑衅时，你应该加强内心的想法，准备一些建设性的念头以备不时之需。例如，"我在面对批评时，不会轻易地受伤""不论如何，我都要平静地说,慢慢地说"。

在你能遏制住自己的怒火后,也就能心平气和地处理问题了。

4.无论如何不要说粗话

一旦开口辱骂,你就把对方列为了自己的敌人,这会使你更难为对方着想,而互相体谅正是消弭怒气的最佳秘方。

5.再把难题"踢"给对方

当然,你不可能对对方的任何问题都防患于未然,反问的应变对策也适用于事后补救。如果对方提出的要求极不合理,你也可以以极苛刻或不切实际的提法要求对方。如此一来,对方就不得不收敛起盛气凌人的态度。

总的来说,无论听众如何挑衅,作为演讲者,我们都要始终保持应有的素质和态度,不可出言不逊,只要说出了粗野的词语,或者辱骂了听众,这种行为也会被其他听众看在眼里,这场演讲自然就搞砸了。

说错话时,如何快速补救

相信不少演讲者在演讲的过程中都出现过尴尬的场面,然而,尴尬的出现也并非有人故意使绊,有时候也是由于自身疏忽造成的,如口误。所谓口误,顾名思义,指的就是说错了话。造成口误的原因有很多,如演讲者紧张或态度轻率、知识贫乏等。在具体的演讲实践中，只要头脑清醒、观察敏锐、判断正确、处理及时和方法灵活，就可以成功地摆脱口误的窘境。

弹唱家马如飞在一次表演时，误将"丫环移步出了房"唱成了"丫环移步出了窗"，唱罢，现场观众哄堂大笑。

机敏的马如飞立刻意识到自己的口误，他灵机一动，赶紧补充了一句："到阳台去晒衣裳。"听众一听这巧妙的补白，回以热烈的掌声。

谁知后来，他一疏忽，又把"六扇长窗开四扇"唱成了"六扇长窗开八扇"。观众这时不再喧哗了，而是屏气凝神，看看马如飞还能用什么方法补救，谁知马如飞依旧不慌不忙，继续唱道："还有两扇未曾装。"顿时，台下掌声满堂。

马如飞处理失误的方法是值得学习的。可见，演讲时如果出现遗漏或念错词、讲错话的失误，演讲者最好能够悄悄改过，不露痕迹。例如，发现自己漏讲了某一点、某一段，可以随后补上，不必声张；念错某个字词，或讲错某句话，也可以及时纠正，或在第二次出现时纠正。就算听众发现了你的错误，也不要紧张，不妨将错就错，自圆其说。在这方面，可以借鉴表演艺术家的许多成功经验。

如果出现类似失误，演讲者完全可以借鉴这种补救做法。例如，某同学演讲时，想用一段诗作为开场白："浓浓的酒，醇醇的……"可一上台就念成了"酒"，漏掉了"浓浓的"。于是灵机一动，将错就错，干脆将诗改成："酒，浓浓的、醇醇的。"同学们对他的妙改报以热烈的掌声。

那么，究竟应该怎样补救呢？

1.别着急道歉，听众可能还未意识到你的口误

不小心说错了话，你不必立即承认错误，也不必道歉，只需要在听众还没反应过来时再说一遍正确的话即可，这样既纠正了自己的错误，又能让演讲继续。

请看两句演讲实录："一九七二年八月一日，一九二七年八月一日，在中国人民解放军的建军节……"

"在这次语文、英语统考中，我校考生取得了较好的成绩，两科及格率分别为百分之八十五和百分之九十，分别为百分之九十和百分之八十五。"

第一句话中，演讲者说错了时间，而第二句在于颠倒了数字顺序，而演讲者在认识到自己的口误后，都立即纠正了。在一些书面材料中，这些失误会让人啼笑皆非，而在演讲中，一般听众不会大惊小怪，演讲者也就不必紧张。

2.通过设问形式巧妙地否定口误

这个方法不是直来直去，而是通过设问形式巧妙地否定口误。只要运用得当，这个方法就显得更机智、更有审美价值。

具体做法有两种，一种是自己提问，自己回答。

例如，演讲者在讲到"我国明代的四大名著是《水浒传》《西游记》《红楼梦》和《西厢记》"时，会场立即笑声四起，机灵的演讲者马上话锋一转："在上次文化考试中，有份试卷就是这样回答的。对吗？当然不对，我国四大名著是《水

浒传》《西游记》《红楼梦》和《三国演义》。"

另一种方法是由自己提问，听众回答。

例如，在参与某些课程的培训时，可以这样更正自己的口误："同学们，这样讲合适吗？"这时，听众席上便议论开了，胆大的纷纷答道："不合适。"仅从这两则就不难看出，此法不失为一种良好的脱身术。

从上述分析可以得出结论：从根本上讲，克服口误的关键就在于不断提高演讲者的自身修养，只要巧妙应对，是能使演讲顺利进行的。

突然忘词，如何巧妙衔接

对很多演讲者，尤其是对演讲经验不足的人来说，最怕出现的大概就是忘词了，他们可能做足了准备，却因为紧张、经验不足等原因，在说话时突然出现大脑空白的现象，甚至有一些人一站上演讲台就开始忘词，这种情况下，我们该怎么办？

对此，演讲大师给出的建议是，任何形式的补救措施都可以使用，可要记住一点，千万别让听众等太久，应强使自己集中思想，争取在两三秒之内回忆忘掉的词语。实在想不起来，可根据原来的意思另换词语，或者干脆将下一段内容提上来讲。前提就是要冷静下来，不可因为忘词就紧张、乱了阵脚。

今年17岁的莎莎因为成绩出色而经常被老师请上台给其他

学生分享学习经验，这不，即便马上要参加高考了，在紧张的备考之余，她还是将作为学生代表参加市里的演讲大赛。虽然她已经参加过很多次规模大小不一的比赛了，却还是有点儿紧张，好在她做了充足的准备。

这一天很快来了，登台之前，她长吁了一口气，平复自己的紧张情绪，开始不紧不慢地讲了起来："亲爱的老师、同学们，大家好……"

演讲了快半小时，莎莎头脑突然一片空白，不知道该怎么说了。好在她是个有比赛经验的人，有着良好的心理素质，她一边在思索演讲稿接下来的内容，一边说："说到这里，今天的天气有点热，想必大家也有点渴了，也都想喝水，当大家手边拿着水杯时，有没有想到水对我们的生活是多么重要……"很快，莎莎又将话题引到了自己要说的主题上，演讲也就继续下去了。

莎莎在演讲忘词的情况下没有中断演讲，而是迅速转移到与演讲主题相关的话题上，进而使演讲顺利继续。

任何一位演讲大师，都总是能掌控场面，即使在忘词的情况下，依然会活跃演讲气氛，一句轻松的话就能有效地吸引听众的注意力，使演讲内含的信息和情感得以准确传达，以起到拯救演讲危机，让演讲者再度成为听众注目的中心的作用。

在演讲中，当我们忘词时，可以使用三种衔接方法。

1.重复衔接法

重复法，就是在你忘词的时候，再重复一遍之前的最后一句话，此时，断了的思绪往往能重新衔接上，使演讲顺畅地继续。

因为你重复的是刚刚说过的内容，所以不会有什么心理负担，甚至能减轻你的心理压力，因此，你就能轻松自如地回想起自己忘记的内容。复述之前讲过的要点后，再接着讲接下来的内容，就能以一个平静的心态或者稍微平静的心态继续讲下去。

例如，演讲前段的最后一句话是："我理解他们的爱了吗？我懂得爱他们吗？"后面的话是："从那以后我变了……"如果讲完了前段，而又忘了后一段的前句话，这时，你可以有意地加重语气，重复讲一遍前段的最后那句话"我懂得爱他们吗？"往往就在重复的这一瞬间，你可能就想起了后段的第一句话"从那以后我变了……"这样，演讲就可以继续了。

2.跳跃衔接法

演讲者演讲忘词，最常见的就是话到嘴边，却突然不知道该说什么了，对这种情况，不妨直接跳过去，这就是跳跃法。

这一方法虽然丢掉了原先准备好的几句或一段演说内容，却不至于因为停顿而影响整个演讲的气氛和效果。

当然，需要提醒的是，如果你忘记的是重要的一句话或一段话，而在后续的演讲中又想起来了，此时，你可以采取在收尾前补充的办法。例如，"这里值得一提的是……"这样不仅能起到补充的作用，还能着重强调重要内容。

3.插话衔接法

当你在演讲中突然忘词时，不妨插入一两句与演讲有关的话，再利用这段时间回忆被遗忘的内容。

例如，讲着讲着忘词了，这时，不要停顿，可以与听众互动："同志们，我不知道大家是否听清楚前面这一部分了？"话音落后，你就可以扫视全场，而就在扫视的瞬间，就完全可以想起后续应当讲的内容了。一旦想起，你就可以说："好，既然大家听清楚了，我就继续讲下去。"

当然，解决演讲忘词的方法还有很多，在这种情况下，最重要的还是要有好的心理素质，所以平时要多注意锻炼自己，在锻炼中提高心理素质和随机应变的能力。

事实上，在演讲过程中忘词是一种非常普遍的现象。如果留心观察，你会发现在工作当中的每一次会议上都可能出现忘词的情况。在一些大型的晚会上，尤其是一些现场直播的晚会，主持人和节目的表演者也会经常忘词。无论如何，我们都要保持稳定自己的情绪，而且在最短时间内找到衔接的方法，才能在轻松的氛围中继续演讲。

第9章

互动训练，让演讲氛围高潮迭起

在任何形式的演讲中，我们都希望自己的演讲获得听众的认可、获得满堂彩。要做到这一点，我们就不能唱独角戏，而应该学会调动听众的兴致，让听众积极参与到演讲中去，这样能潜移默化地让听众接受你的思想和观点，从而使自己的演讲在掌声中进行。

在演讲中融入情感，更能带动听者的情绪

在日常生活中，人们常说做人说话都要客观，只有这样，才能做到公正公平，才能深得他人信服。然而，在演讲中却未必非要如此，客观的言辞固然能表达观点，可只有在故事中融入情感，才能带动听者的情绪，让听众接纳我们的意见。

的确，演讲最重要的就是要调动听者的兴趣，并不是只要我们愿意讲，就一定能让听者感兴趣。举个简单的例子，如果你是主张自己动手的人，而且你自己也是这么做的，就可以谈谈洗盘子，而实际上，假如你一点也不愿这样做，你能确定自己一定能说好这个话题吗？然而，我们可以确定，作为一个家的主管——家庭主妇们却能把这个问题说得很精彩，她们每天有洗不完的盘子，总希望能找到新的方法来代替自己去做这个工作，也可能很恼火自己为什么要洗盘子。可无论怎样，她们对这一题材绝对更有发言权，也更来劲，所以可以就洗盘子的题目说得头头是道。

因此，演讲时融入自己的情感，更能打动听者。

1.选择一个让你充满热情的主题

你可能会问，怎样的题目才是合适的题目，什么题目适

合演讲？这里，有个最简单的方法，你可以问问自己，在演讲时，如果有人站出来反对你的观点，你是否有勇气辩驳或者说有百分之百的信心为自己辩护，如果有，这一题目就是绝对合适的。

1926年，卡耐基到瑞士的日内瓦参加国际联盟第七次会议，对当时的情况，卡耐基做了笔记。几年之后，卡耐基再次拿出这些笔记，看到一段话："我听完了三四个死气沉沉的演讲者的报告，他们简直就是读手稿，后来加拿大的乔治·佛斯特爵士上台了，他没有拿任何的文件，我顿时感到眼前一亮，这实在很值得赞扬。在他要集中注意力演讲的问题上，他会有一些手势，以此强调他的观点，他也很热情，希望听众能了解他内心珍藏已久的观点，这种渴望很真实，就好比窗外日内瓦湖那般清澈明白。在演讲培训课上，我一直强调要运用的那些重要的法则，在他的演讲里，我全部都看到了。"

卡耐基说，自己经常会想起乔治爵士的演讲。在演讲中，他表现得真诚、热心，而一个人只有对自己的题目充满热情，是真心所想，才能有如此真实的表现。

2.投入你要讲的故事中

福胜·J.辛主教在美国是一位很有权威的演讲家。在他的《此生不虚》一书里有这样几个片段：

"我被选出参加学院里的辩论队。就在圣母玛利亚辩论的头一天晚上，我被辩论教授叫到了他的办公室，然后我就被训斥了一顿。

"'你就是个名副其实的饭桶!自从我们学院创办以来,还没见过你这么糟糕的演讲者!'

"我想为自己辩护,我说:'既然我是这样的饭桶,为什么还要我进入辩论队?'

"'因为你会思想,而不是因为你会演讲,去,到那边去,把演讲稿中的一段抽出来,再讲一遍。'于是,我按照教授的话,把一段话反反复复地讲了一个钟头,然后他问我:'看出其中的错误了吗?''没有。'于是,又是一个半钟头,最后,我实在没力气了,教授问:'还看不出错在哪里吗?'

"过了这两个半钟头,我找到了问题的关键。我说:'现在我知道了,我的演讲没有诚意,我只是纯粹地背诵演讲词,我心不在焉,没有表达自己的情感。'"

经过这一件事,福胜·J.辛主教学得了永生难忘的经验:要让自己沉浸在演讲中。因此,他开始让自己投入要讲的故事中。在那之后,博学的教授才说:"现在,你可以讲了!"

3.多说说自己的事

在卡耐基的训练班上,如果有学员称自己做什么都没劲、生活简单乏味,此时,训练班的教师就会问他在业余时间都有什么爱好,有人说自己去打保龄球,有人则说喜欢去看电影,也有人说自己喜欢种玫瑰。其中有一位学员的爱好有些特别——收集火柴盒,当老师问起他这个特别的爱好时,他逐渐有了说话的精神,还手舞足蹈地描述起自己收集火柴盒的小房间来,他说自己几乎收藏了全世界的火柴盒。等他的话匣子被打开后,老师问他:"既然如此,为什么不跟大家聊聊这个话题呢?我觉得很有趣。"他惊讶极了,还有人对这个话题感兴趣!原来,这名学员耗费了半生的心血对这个爱好孜孜以求,甚至几乎达到了狂热的地步,自身却否定了它的价值,认为别人不一定喜欢这个话题。那天晚上,他俨然一副收藏家的态度谈论火柴盒。再后来,卡耐基听说他还去参加了各种俱乐部,常常谈起收集火柴盒的话题,因而被很多地方人士推崇。

的确,每个人都有一些不平凡的经验,这是不需要我们煞费苦心搜寻的,而我们的行为也都会受到这些经验的引导。重新串联和组织这些事件,我们就能影响别人,这一点不难做到。一般情况下,人们对字句的反应和对真实事件的反应是不会存在太大差异的,为此,在讲述具体事实时,一定要再造其中自己曾有经验的部分,巧妙引导听众产生与自己原先相同或者相近的反应或感受,让你的经验更戏剧化,就能让它听起来更有意思,也会更有力量。

总之,我们要明白演讲和一般讲话之间的区别,演讲时适时主观一点,多融入自己的情感,讲一些与自己相关的故事,饱含感情地演讲,能让你的演讲更动人。

提开放性的问题,引导听众参与

任何交流形式都是相互的,也只有互动的交流才是有效的，演讲也是如此。表面上看，演讲是演讲者自身发表观点和看法，而是否能带动听众参与到演讲中来，决定了最终的演讲效果。的确，一些人在演讲中如鱼得水、尽得听众掌声，而有些人却被听众冷落、一个人唱独角戏，其中一个重要原因就是听众是否感兴趣。

一个真正的演讲高手似乎总是能营造出愉快的演讲氛围，而其实，这是因为他们善于通过提问挖掘听众的兴趣，听众一旦愿意听你演讲，便会认同你，接受你。提问也并非一件易事，因为提问只有内容合适，对方才愿意回答。而这就要求我们多提积极的、开放的问题。因为通常来说，只有开放性的问题才能让听众回答的话题越来越广，也才能产生积极的效果。

一天，一位刚来到美国的留学生在逛街时遇到了一件事。

他走着走着，这时，走过来一个金发女孩，问："您是中国人？"

"是。"他随口回答。

"我能问您几个问题吗？"金发女孩继续问。

"可我不懂英语。"他故意用蹩脚的英语回答着，还打着手势。

"别担心，就只是四个问题。"金发小姐对他微笑，提出了一连串的问题："您是学生还是工作了？您最想做的事是什么？将来想从事什么工作？对未来有何打算？"

听到金发小姐这么问，留学生消除了所有疑问，因为在他看来，虽然只是几个简单的问题，可在这样一个陌生的外国城市，还有人关心自己，关心自己的工作、生活，甚至未来，真是太难得了。于是，他很诚恳地回答了问题："我是来自中国的留学生，现在我也在打工，我要养活自己。我每天都觉得很压抑、不快乐，因为这里没有朋友，因此，我希望有人愿意跟我交朋友。在未来嘛，我当然希望从事自己喜欢的工作并取得一定的成就。"

"您渴望交朋友、渴望让自己的生活丰富起来，也渴望成功。那您想过没有，您可以选择一个媒介帮您实现，我可以帮助您。"

他感到十分惊奇："她怎样帮助我实现？"于是，在金发小姐的带领下，他来到了她的办公室。金发小姐告诉他，她的工作是帮助那些有困难的人，根据他们的具体情况推荐他们需要的书籍，而且可以享受九折优惠。最后，这位留学生买了金发小姐推荐的一本书。

在这个案例中，金发小姐成功推销出自己的书，就是因为她善于提问，她先提出一连串的问题，这些问题丝毫没有涉及推销，还是从关心留学生的角度提出的，因此，很快便使留学生消除了心理障碍。然后，她适时地引入销售问题，让留学生产生想继续知道的愿望，随后，就成功推销出书。

同样，这一方法也可以被运用到演讲中。的确，开放性的问题因为具有很大的回答空间，所以能激发听众的说话欲望，进而让听众参与到谈话中，听众在感受到轻松、自由的说话氛围后，就会对你的演讲产生兴趣。

通常来说,开放性的提问有一些典型句式,如"为什么……""……怎(么)样""如何……""什么……"或"哪些……"等。具体的问法就像案例中一样,需要认真琢磨,多实践才能运用自如。

当然,在提开放性问题时,我们还需要注意四点。

1.始终保持热情、诚恳的态度

演讲者的热情就像一团火,无论你的听众内心如何冷淡,在热情的演讲者面前,都会被感染。可以说,对演讲来说,热情就是成功的法宝。

因此,要想调动听众的热情,我们就要始终保持语言、神情和目光的真诚,始终保持微笑。你从始至终地保持热情,再提问,听众是乐于回答的。

2.以轻松的问题发问

以轻松的话题开头,最好不要直接涉及演讲的主题。当然,以这种问法开头,要求我们掌握在演讲中的主动地位,这样问的目的在于一步步引导对方,在对方肯定了所有的问题后,自然会得出积极的结论。

3.别否定听众的答案

演讲中,当你提出某个开放性问题后,如果你不认同听众的回答,甚至想说服他接受你的观点,此时,最好不要一上来就否定他的观点,说他的观点是错误的、荒谬的,这样你一定不会获得自己想要的结果。相反,如果你能机智、委婉地说出自己的观点,将听众引导到其他话题上来,就能让他们忘记自己原来的观点，这是能将话题继续下去的明智之举。

4.避开听众的忌讳

每个人都有自己的忌讳，也都讨厌别人提及自己的忌讳。我们在提开放性问题时，最好要避开这类话题，把握分寸，不要伤害到别人的自尊心。

总之，听众都喜欢轻松、和谐的演讲环境，而你是否能达到演讲目的，也与听众是否愿意互动有直接的关系。多提开放性的问题，能使听众产生回答的兴趣，从而愿意继续听下去，何乐而不为呢？

说点自己的私事，能拉近与听众的心理距离

在现实生活中，每个人都会有几个可以互诉衷肠的知心朋友，人与人之间为什么会由陌生人到朋友？就是因为情感的共鸣！同样，在演讲中，我们要想得到听众的配合，也应该在与听众拉近心理距离这一问题上做努力。

从心理学的角度看，人际关系的亲疏是能够在与其交谈的话题中体现的，关系越密切，所谈话题越个人化、私密化。在交谈之初，交往双方往往是互存芥蒂之心的，这对整个交流无疑也是毫无益处的。此时，如果我们能主动跨出交往的第一步，向对方透露自己的一些私事，就能给对方一个心理暗示：我们之间的关系很好，你可以向我倾诉你的心事。

不少演讲者虽然优秀，却不可爱，会让人产生一种敬畏和猜疑心理。因为那些表现得十分完美的人，人们往往敬而远之；而相反，适度表达"秘密"和缺陷，可以赢得听众的关注。

对演讲这种高级的沟通形式来说，你需要明白的是，不是隐藏得越深越好，在演讲中偶尔说点自己的私事，是能帮助我们拉近与听众的心理距离的。

美国有位总统在庆祝自己连任时，开放白宫，与一百多个小朋友亲切"会谈"。

10岁的约翰问总统小时候哪一门功课最糟糕，是不是也挨老师的批评。总统告诉他："我的品德课不怎么好，因为我特别爱讲话，常常干扰别人的学习。老师当然要经常批评我。"他的回答，使现场气氛非常活跃。

当时有一位叫玛丽的女孩，她来自芝加哥的一个贫民区。她对总统说，她很害怕每天上学，因为她不知道会发生什么事情，害怕在路上遇到坏人。

此时，总统收起笑容，严肃地说："我知道现在小朋友过的日子不是特别如意，因为有关毒品、枪支和绑架的问题政府处理得不理想。我希望你好好学习，将来有机会参与到国家的正义事业之中。我们只有联合起来和坏人做斗争，生活才会更美好。"

这位总统为什么能紧紧抓住小朋友的心，使小朋友发自内心地认为总统和他们是好朋友？人们都喜欢和与自己有共同爱好、兴趣的人交往，而对那些与自己"志不同道不合"的人，则会退避三舍。总统向小朋友们透露出了自己小时候的一些"秘密"，这让孩子们感到，原来总统也和自己一样，也不是十全十美的人，从而愿意和总统交流。此时，场外的大人看到这样的对话场面，也会觉得总统是一个亲切的人。

无疑，只有能带动听众热情的演讲才是成功的演讲。在演讲中，与听众拉关系的方法有很多种，其中就包括诉说自己的私事。只有这样，才更容易获得听众的信任。相反，那些"趋于完美""毫无瑕疵"的完美主义者，似乎总是"曲高和寡"，没有多少人愿意亲近他们。

具体来说，我们可以做到两点。

1.适度暴露自己的一些小缺点

例如，你可以偶尔提及自己曾经失败的事，这比谈自己成功的事更容易拉近彼此间的距离。因为老是炫耀自己成功的光荣事情，容易让听众产生反感，留下不好的印象。这样，我们避免了故意犯错，在态度上已经示弱且表示了友好，听众没有不接受的道理。

暴露自己，要达到让对方产生如"这个人有点小缺点，而其他方面挑不出毛病来，是个相当不错的人！"等想法，就会更容易接受你的演讲观点了。

2.把握说私事的程度

提倡"自我暴露"，不是让你把自己的"老底"都揭给听众看或者"暴露无遗"。我们不妨选择暴露那些不会影响到整体形象的"小事件""小缺点"或者"小毛病"等，正因为这些小瑕疵的存在，我们会更真实、更可爱。

总之，学会上述两个暴露自己的小技巧，会更容易打动听众，获得其认可。

讲些逸闻趣事，激发听众参与的兴趣

相信有不少演讲者遇到过这样的场景：当你卖力地向听众传达观点时却冷场了，听众似乎不买你的账。此时，该怎么办？要知道，演讲不是单一地传输观点，而是沟通，只有带动听众兴致和情绪的演讲才是成功的。此时，如果你能说一些逸闻趣事，是能让演讲气氛迅速融洽起来。

人都有猎奇心理，枯燥的语言只会让听众昏昏欲睡，而逸闻趣事就满足了人们的这一心理，能激发听众参与演讲的兴趣。

小张是一个爱开玩笑的女孩，这天中午午休，办公室内死气沉沉，活泼的她就开始找邻座的李大姐搭话："你说先有鸡还是先有蛋？"李大姐心情不好，有气正好没处发，看着她得意扬扬的样子，就想着非把她气糊涂不可。

"对不起，条件不足，无法回答。"

"什么条件不足？"

"因为你没有说明是鸡与鸡蛋相比较，还是鸡与鸟蛋或鸭蛋相比较。"

"当然是鸡和鸡蛋啦!"

"条件不足,无法回答。"

"我不是说过是鸡和鸡蛋相比了吗?"

"可是你没有说明是鸡与蛋的概念上的比较还是事物上的比较啊。"

这时,办公室内的其他人也都围过来了,他们想看看这场"舌战"到底谁输谁赢,事实上,他们已经因为老李和小张这场荒谬的问答而笑了起来。

"这有什么差别?"

"当然有。所谓的鸡是人们对一种两条腿的、类似鸟的、可以从体内排出一种卵石形物体的动物的称呼,而所谓的蛋,是人们对这种动物从体内排出来的卵石形的、可食用的、可以延续动物种族的东西的称呼。当人类语言形成时或者说当人们给它们起名字时,它们已经同时存在了,所以说概念上的鸡与鸡蛋同时出现。如果要问鸡与鸡蛋这两种事物出现的先后顺序,那又是另一个问题。"

此时,周围的同事们已经笑得前仰后合了。

趣闻逸事是有效调动听众情绪的良方。趣闻逸事是人们在生活中津津乐道的闲谈资料,生活中的许多情趣皆由此而来。

演讲者抓住人们渴望趣味的视听倾向,恰当而又适时地讲述一些趣闻逸事,会使冷淡或呆板的演讲现场马上活跃起来,听众的注意力也会迅速集中到演讲内容上。这时,演讲者再回到原有话题的轨道,效果就要理想得多了。如果是双向交流,话题的变换就是不定的，要根据现场情况随时进行。

实际上，即便是那些逸闻趣事，也不是随便说的，我们要考虑到听众的个体情况，尽量说大家都能接受的事，否则只能适得其反，让听众产生厌烦的情绪。

总之，听众对千篇一律、枯燥无味的演讲是没有兴趣的，演讲者若想调动听众的兴趣，可以说一些逸闻趣事，烘托现场的气氛。

事先排练，控制好演讲时间

你是否有这样的经历：公司组织听一场演讲，刚开始你还觉得演讲者说的话比较有趣，你饶有兴致地听着；半小时过去了，他依然在重复自己的观点，你的注意力开始分散了；又过了一小时，对方还没有结束演讲的意思，而你开始不耐烦了。此时的你发现，周围的同事好像也开始打瞌睡，有的人甚至已经离场，而演讲者还在喋喋不休地说着……很明显，这场演讲是失败的，它失败的重要原因就是啰唆重复，没把控好演讲时间。

事实上，控制好演讲时间是很重要的。不过，在向听众阐述观点时，我们不可能一直不停地看表。于是，不少演讲新手会发出疑问，到底该怎样掌控演讲时间呢？答案就是事先排练，根据排练的时间来安排自己的控场时间。

1.归纳总结要讲的要点

要点不明确，会导致在演讲的时候不着边际，听众找不到演讲内容，自然就会不耐烦，时间也就浪费了。

除此之外，总结演讲要点，也有助于应对意外情况。例如，在演讲开始了一段时间后，你突然被通知，演讲时间由45分钟被缩短至20分钟，这该如何是好？如果你已经明了演讲的要点，就能将主要观点传达给观众，以达到自己的演讲目的。

2.掌握每部分演讲内容的时间占比

演讲大多可以划分为开场白、主要内容和结尾几部分，一般情况下，主要内容应该占发言时间的75%。现在回想一下，你是否在开场白花了太长的时间而影响到主要观点的表述？

合理分配演讲各个部分的时间，可以帮助你机动地调整整个演讲内容，例如，你原本准备花五分钟去讲清楚第一个要点，而听众的热情让你不得不延迟三分钟，这样，你就需要在第二个和第三个要点上省出三分钟的时间了。

另外，你还应该考虑细节问题，例如，每个细小的部分应该占用的时间，甚至在演讲稿中做记录，你可以在开场白的笔记后标记"2分钟"，在第一个要点后标记"5分钟"，在第二个要点后标记"8分钟"等。

3.控制语速

这一问题在演讲新手身上经常出现，他们在演讲时语速过快，很多重要的地方就得不到澄清了。演讲排练越接近实际情况，对时间估计的误差就越小。

4.化繁就简，压缩演讲内容

无论你要演讲的主题多么复杂，都不能拖拖拉拉，找不到重点，而应该化繁就简，压缩时间。因为听众的时间都是宝贵的，谁也不想听你啰唆。

5.摘下手表，放到可以看得到的地方

有些人对时间的估计非常精确，不需要外在的提示。如果你不太善于估计时间，就要坦然地摘下自己的手表放在自己看得到的地方，或者请听众席上的同事向你发出信号，可还是最好避免过于依赖钟表。

你可以记下开始和结束的时间。手表指针的转动会给你一种压力，让你不太自然。例如，如果你觉得自己讲得太慢，在最后一分钟可能会把速度加快一倍，或者相反的情况，把自己的语速放慢，把句子拖得很长。如果能够为每个部分的讲话定时，则会对演讲时间的控制帮助很大。

有经验的演讲者始终明白演讲的每个部分各占多长时间。即使演讲时间在总体上控制得非常好，也仍然希望再把时间分割得更加细致一些。明确时间的长短有助于随时调整，这是演讲过程中经常出现的情况。

作为一个演讲者，无论你的演讲有多长，都要记住听众维持注意力的时间是有限的。因此，我们最好要学会如何控制演讲时间，且在有限的时间内将自己的想法和观点以较深刻的语言传达给听众，以达到演讲目的。

用赞美打动听众，使其采取行动

生活中，人们都渴望被信任、赞赏、肯定，这样人们的内心也更容易受到启发，行为也会更趋向正面、积极。有人说："能力会在批评中萎缩，而在赞扬、鼓励等正面激励中发芽、生长、茁壮。"事实就是如此。人与人之间的影响力，就是靠着这样的法则不断推进的。

演讲大师卡耐基曾说："如果你抱怨你的家人、丈夫、孩子或其他的任何人在某方面太愚钝，没有天赋或者做错了，这样就等于打消了他要做好某件事的动力；而如果你能运用完全不同的办法，宽容和鼓励他人，让他感觉做好某件事情似乎没有那么难，让他产生自信心，他的才能就会被激发出来，为了不让你失望，他会努力练习的。"

然而，尽管很多人也能认识到正面激励产生的积极力量，却很少有人能真正将其运用到公共场合的演讲中。

如果听众能获得我们的鼓励，就会产生积极的情绪和状态，进而愿意被我们引导，按照我们的意愿去行事。

列兰·史多曾经呼吁听众去支持联合国儿童救援行动。

"但愿我的祈祷能起到作用，希望再也不要有这样恶劣的情况：不知道你是否看到过，一个孩子和死亡之间仅仅就差一个花生，我真的不想再看到了，我不希望自己在事后活在这样悲惨的记忆里。在已经被炸弹摧毁的雅典的工人区里，我只是拿了一罐花生而已，只有半磅，当我吃力地打开这罐花生时，我看到一群穿着破烂的孩子立即围了上来，把灰扑扑的小手伸向我，我多想自己有更多的花生，那一刻，我希望所有的花生都能起到作用。

"他们你推我赶的，我差点都被撞到，我看见举起来的手，是乞求的、绝望的手，也是瘦小的、可怜的手，我看到，这里分一颗花生，那里分一颗花生。数百来只手就那样伸着，向我乞求着，在眼睛里闪烁着的是希望的光芒，而此刻的我太无助了，我拿着那只空罐子……啊，我希望这种情形永远不会发生在你身上。"

可见，紧盯着事物的不足是无法找到鼓励和赞美他人的优点的，而一反常态，从事情的另外一面——优点入手，则会起到完全不一样的效果。

那么，在演讲中，我们该如何通过赞美鼓励听众采取行动呢？

1.演讲前先了解听众

想必你听说过罗素·康威尔著名的演讲《钻石就在你家后院》，这场演讲先后进行了多次，也许你会想，重复多次的演讲，恐怕无论是演讲词还是演讲时的音调，大概都在演讲者的脑海中根深蒂固了，再也不会变化了吧？事实并不是如此，康威尔博士深知每次来听演讲的听众的背景和知识程度都不同，所以会根据听众的需求来变化演讲风格和演讲语言，让他们感到自己听到的总是与以往不同的演讲。那么，你知道他是怎么做到在一场接一场的演讲中与听众建立起了轻松愉快的关系的吗？

康威尔博士写过："每当我来到一个新的城市或者小镇，我会在最短的时间内去拜访当地最贴近生活的人，如邮局局长、理发师、旅馆经理、牧师、学校校长等，然后去商店和店员们交谈，了解这个地方的历史、人文风情等。了解这些后，我才着手我的演讲，尽量去搜寻那些符合当地情况的题材。"

开设过千场演讲的康威尔博士当然明白一点，成功的演讲就是一场成功的沟通，而成功的沟通则必须将听众带入演讲之中。《钻石就在你家后院》已经成为非常受欢迎的演讲，却找不到两场稍有雷同的演讲，正因如此，我们几乎想找一本真正有关于这一主题的演讲的副本都找不到。因此，你应该有所领悟，当你准备演讲时，头脑里应该想着特定的听众。

2.肯定听众的态度

不管台下的听众是否给了你热烈的掌声，你都要肯定他们的态度，你可以说："谢谢大家对我的支持。"对没有给出正确答案的听众，不要怪罪他，而要肯定他的努力思考。

3.表达你对对方寄托的希望

尽管你明白听众未必会真的按照你的想法去行事，但不要责怪听众，而应该在肯定听众的同时，说出你的希望和寄托，让对方明白你希望他怎样做。

当然，你的希望要具体、明确，要指出希望听众做的事。例如，如果你想要让台下的听众慷慨解囊，就说："尊敬的先生们和女士们，现在我要向在座的各位收取五美元。"那么，不管你的演讲是多么有意义，他们是多么应该掏这钱，在听了你的"号召"之后，估计也会立即离开。而如果你改变策略，先描述你去儿童医院探访看到了一个可怜的小孩，他在偏远的儿童医院，因为缺乏金钱、无法动手术只能等待死亡，然后，你获得听众支持的机会就会增加不少。

4.为听众描述一幅蓝图

你可以告诉听众，如果大家接受了你的观点且付诸行动的话，会有怎样好的变化。听众被你打动后，就会在内心燃起熊熊烈火。

5.鼓励听众参与到演讲中来

卡耐基称，只要使用小小的一点技巧，就能让听众"心随你动"，这个技巧就是演示法——挑选听众帮助你演示，或者戏剧化地展现出你的观点。

这是因为，只要其中一个听众被带入到演示中，其他的听众就会集中注意力，看看究竟要发生什么事。

除了演示法外，卡耐基还经常在演讲中对听众提问，邀请他们帮助解决问题，这样做，就等于是把合伙人的权力送给了听众。

第10章

场景训练，把握不同场合下的演讲技巧

演讲的种类有很多，如领导人演讲、竞赛性演讲、论辩性演讲、竞选演讲、就职演讲等。不同场景下的演讲，有不同的要求和说话技巧，这就需要演讲者多做训练，而且做到因地制宜、灵活变通，说出合乎时宜的话。

介绍词：到位的介绍才能架起演讲桥梁

在公共场合，我们经常需要把第三者介绍给听众，此时就需要运用介绍词。介绍词有交际介绍的作用，它让演讲者和听众集合在一起，能营造出良好的沟通氛围，能在演讲者和听众之间建立起兴趣的桥梁。

介绍词的目的是带领我们进入到演讲的内部，让我们继续听关于它的论述。同时，我们还应该用它来了解演讲者，看看这位演讲者是否能驾驭这一演讲题目。也就是说，介绍词应该介绍两大因素给听众：题目和演讲人，而且最好在最短的时间内做完、做好这件事。

假如有人诠释介绍词："你不必说什么话，只要向听众介绍演讲人就可以了。"这个人就是没有理解介绍词的真正含义，也低估了介绍词在演讲中的重要性。这大概就是不少准备介绍词的主持人为什么不重视介绍词的原因。

接下来，我们看看这样一则案例：

作家、演讲家约翰·马森·柏朗有着自己独特的演讲风格，他有一大批忠实的听众。一天晚上，他和将把他介绍给听众的主持人谈话。

第10章 场景训练，把握不同场合下的演讲技巧

主持人对柏朗说："放轻松点，不要担心自己该说什么，我可不相信演讲非要准备什么，没有丝毫用处，什么用都没有，只会破坏演讲的审美感，也会让听众失去兴趣，我就等着在我站起来的一刹那，感觉突然来找到我。在这一点上，我从来没有过任何闪失。"

这是多么自信的一番话，所以柏朗也期待主持人对他的介绍。不料，主持人站起来说："各位先生，请安静，大家注意一下好吗？今晚有个坏消息告诉大家，我们本想请艾瑟克·F.马可松来做演讲，可惜的是，他病了不能来。（鼓掌）我们又想请参议员柏莱锥基来向各位做演讲，可是他又太忙了。（鼓掌）最后，我们又想请堪萨斯城的洛伊德·葛罗更博士前来跟各位谈谈，最后也没成。因此，我们只有请约翰·马森·柏朗来替代了（鸦雀无声）。"

柏朗先生在回想这件事时曾调侃说："至少那位灵感总是随叫随到的主持人，终于是把我的名字说对了。"

你当然已经看出来了，那个总是吹嘘自己的灵感能随叫随到、能帮助他应付一切的主持人，就算他是故意那样做的，实际上情况也糟糕极了。不过，在这一案例中，我们看到了准备工作对于介绍词的重要性。一般来说，介绍词都很短，一般不会超过一分钟的时间，可还是要仔细准备。

我们需要搜集事实，可以从三个内容开始：演讲人的题目、他探讨这个题目的资格和他的名字，如果可以，还有第四个内容：他演讲的题目是多么有趣。

介绍人要事先了解最准确的题目或观点，且要掌握演讲者大概怎么去演讲。最尴尬的莫过于演讲者与介绍人介绍的并不相同，甚至是背道而驰。而如果介绍人事先做足了了解的工作，也不说任何胡乱揣测的话，这一失误是可以避免的。

不过，介绍人最重要的职责就是准确地介绍题目，且将它与听众关心的问题相联系。因此，在条件允许的情况下，你要设法直接从演讲者身上取得资料。如果需要借助第三方的帮助，比如节目主持人，就应该设法获得书面资料，且在演讲前向演讲者查证。

假如你要介绍的演讲人是一位家喻户晓、人尽皆知的名人，你就可以从《世界名人录》等书籍中获得精确的资料；假如他是一名地方性人物，你可以从当地的公共关系或者人事部门获得资料；你还可以去拜访他本人，最为重要的是，要确保你获得的材料的准确性。

当然，给出太多的介绍或叙述也会让人不耐烦，例如，假如你已经指出了对方是某方面的博士了，还继续提他的学士、硕士学位就是多余的。同样，你最好指出对方最高和最近的职务，至于对方在大学毕业后担任过的一些职位，不要提及。最要紧的是，要提对方最了不起的成就，而对那些次要成就则可忽略不计。

竞职演讲：展现实力才能脱颖而出

现代职场，人人都要参与人力竞争，其中一个竞争方式就是竞职演讲。那么，我们该怎样脱颖而出、获得演讲机会呢？

营销中有个观点，就是首先要"营销自己"。其实，竞职演讲也重在"营销自己"，卡耐基曾经说："不要怕推销自己，只要你认为自己有才华，你就应认为自己有资格担任这个职务。"竞职演讲中，要想击败其他参与者，最重要的就是让听众看到你的实力，进而对你青睐有加。我们先来看下面的竞职演讲。

尊敬的各位领导、同行朋友们：大家好！

首先，对于我能获得年级主任竞聘的资格，我感到非常荣幸。在我们的师资队伍里，有很多比我更优秀的教师、班主任老师都没参加，实际上，我也是做了很久的思想工作才决定的。从毕业工作到现在，已经有十五年的时间了。这些年，我也积累了一些工作经验，包括教学经验和学校管理经验。我现在还有一股冲劲，想在教育行业做出一些贡献，所以我来了。

其实，四年前也有一场这样的竞聘演讲，热心的朋友和其他教师都劝我参加，可那个时候，我的内心自卑，觉得自己还年轻，首先应该做好一名老师。

我说这些绝不是以此显示自己的谦虚，而是因为我觉得一个人，尤其是一名教师，一定首先要有反思精神，要有真正的自知之明。通过这些年的磨炼和摸索，我觉得自己无论在个人成长,还是在教学工作、学校管理等各方面都有不小的收获,下面我就从三个方面来谈谈自己的情况。

……

最后,我想说的是,机会只属于有准备的人,我想借这次参与竞职为自己争取一个机会,同时也给大家多一个选择,也欢迎大家对我上述所讲的内容提出批评和指正,不管对我支持与否,衷心感谢在场的耐心听完我演讲的所有领导、同事们!我的演讲完毕。

在这段演讲中,主人公通过提及四年前未参加竞职演讲这一事实,表明自己已准备充足,态度谦虚、言辞诚恳、表达流畅,相信能获得好的竞职结果。

可能很多人会困惑,工作业绩不就说明了一切吗?还需要自吹自擂吗?其实,自我表扬不是一种自吹自擂,更不是办公室政治游戏,而是一种表现自我的方式。

当然,在演讲中展现实力也有一定的技巧,前提是一切都言之有物,而非过度作秀。

1.珍惜每一次发言的机会,让领导看到你的实力

对职场人士而言,展示自己的机会有很多,其中就包括公司的重要会议。当然,会议的种类很多,一般情况下,公司高层或专业部门的负责人一般都会在场,他们自然愿意听取来自公司基层员工的声音,所以作为普通员工的你,一旦有机会参加这样的会议,千万不要放过每一个发言的机会。你在会上的发言实际上反映了你的思维能力,以及对工作的认识程度。

通过会前充分的调研和资料准备，尤其是数据的整理挖掘，可以在会上从容不迫地侃侃而谈了。这时，领导一面在听你的汇报，一面就会在脑海里盘算你下一步的发展空间了。

2.多提一些建设性意见

曾经有一位市场专员，她当时负责的片区是个多雨的城市，有一年碰到了百年不遇的洪涝灾害，县城里一片混乱，很多一线的销售人员都手忙脚乱，因为分公司所在的仓库里还堆着价值十多万元的货物，一怕水淹，二怕人抢。

此时，经理刚好去省城出差了，无法指挥现场，这位女员工当时就组织剩下的几位促销员，站在齐膝深的水中，把货物转移到安全的地方，洪水一退，就立刻清点在经销商处存放的货物，克服了天灾的影响，最终完成了当月的销售任务。

省公司该季度例会破例让她参加，当时她含着泪演讲，希望总公司能给她所在的片区发放一些特殊的防水物资，这场演讲给在场的每个人留下了深刻的印象。没过多长时间，她的要求就被总公司采纳了，而她也被提拔为另一个地级市的经理。

在演讲中空谈义理，是无法让听众看到你的实力的，而多从专业的角度阐述自己对工作的意见和建议，才是展现实力的最好方法。

3.委婉表达，避免吹嘘之嫌

直接表述自己的实力难免有吹嘘之嫌，会让听众产生反感，而从侧面、委婉地表述，能在不着痕迹的情况下自我表扬，获得听众的认可。

在竞职演讲中，你若希望成功击败其他参与者，就要努力让听众看到你的实力，进而对你青睐有加。

就职演讲：内容要有鼓动性和说服性

任何演讲的目的和作用都在于打动听众，获得听众的认可。而对就职演讲来说，这一目的就更强了，我们的演讲语言必须有鼓动性和说服性，才能让听众信任我们，把工作乃至重要的任务交给我们。

英国前首相撒切尔夫人在上任后的第一次演讲里说道："我是继伟人之后担任保守党领袖的，这使我觉得自己很渺小。在我之前的领袖，都是赫赫有名的伟人，如我们的领袖温斯顿·丘吉尔把英国的名字推上了自由世界历史的顶峰；安东尼·伊登为我们确立了可以建立起财富和民主的目标；哈罗德·麦克米伦使凌云壮志变成了每个公民伸手可及的现实；亚历克·道格拉斯·霍姆赢得了大家的爱戴和敬佩；爱德华·希思成功地为我们赢得了1970年大选的胜利，于1973年英明地加入了欧洲经济共同体。"

1979年，撒切尔夫人在大选中获胜，这时，她说道："不论大家在大选中投了谁的票，我都要向全体英国人民呼吁：现在大选已过，希望我们携手前进，齐心协力，为我们自豪的国家的强大而奋斗。面前有很多事情等着我们去做，让我们一起奋斗吧！"

1987年，撒切尔夫人第三次连任，她讲了一段话："我们有权利也有义务提醒整个自由世界注意，英国再次信心百倍、力量强大和深受信任。我们信心百倍，是因为人们的态度已经发生了变化；我们的力量强大，是因为我们的经济欣欣向荣，富有竞争力，而且不断强大；我们深受信任，是因为世人知道我们是强大的盟友和忠实的朋友。"

撒切尔是20世纪后期最具魅力的政治人物之一，在这一演讲中，我们看到了撒切尔夫人是如何展现自己的雄心壮志的。卓越的口才，更为她树立了很高的威信。第一段话里，撒切尔夫人列举了现代史上英国历代首相的功绩，以此表明自己的任重道远；第二段话里，她以富有感情的语言贴近了广大民众，增强了她在英国人民心中的威信；第三段话里，她以豪放的语言表现自己的信心和王者之气，进一步使得她不断提高在人民中的威信。

的确，随着经济的发展和社会的进步，就职演讲已经成为就职之初必不可少的一个重要环节。大到国家领导人，小到班长、组长，新上任时一般都要发表就职演讲。为了在演讲中充分展示就职者的领导素质、管理才能和人格魅力，就要认真写好就职演讲稿。

这里，我们可以将就职演讲划分为三个部分。

1.标题

就职演讲的标题有三种。

第一种是文种标题，即只标"就职演讲稿"。

第二种是公文标题，由就任职务和文种构成，如《关于就任××市市长的演讲》。

第三种是文章标题，可用单行标题，如《当市长，就要向人民负责》；也可用正副标题，如《官居八品，责尽十分——与乡镇全体干部初次见面时的演讲》。

2.称谓

指对现场听众的称呼。这要根据听众的不同身份而定，力求恰当、得体，如"各位领导""同志们""各位同仁"等。

3.正文

（1）开头

就职演讲的开头，一般都要表达任职者的心情和对听众的谢意。

（2）主体

这是演讲的主要内容，应当着重谈就职者的工作目标、规划和措施，以获取听众的信任和支持。

（3）结尾

就职演讲的结尾，一般都要发出号召，展望前景，给听众以激励和鼓舞。

举个例子，可以在演讲的结尾热情洋溢地说："我相信，经过我们的共同努力，我们的奋斗目标就可以实现，也一定能够实现。"这样的结尾，充满了强烈的凝聚力和感召力。

另外，就职演讲时，我们还需要考虑到一些现场因素。

1.时间

就职演讲总是在特定的时间背景下展开的,一般都是在确定就职后的某个时间。在演讲中,强调和阐明这一时间,不仅可以增强现场的气氛,还能够激发听众的共鸣。

例如,一位新当选的县长在其就职演讲的开头说道:"今天,是我最难忘的日子,最荣幸的日子,也是最激动的日子。在此,让我向各位人大代表表示衷心的感谢!向在座的各位领导、同志们和全县35万父老乡亲表示崇高的敬意!"

这样开篇,恳切自然,能够给听众以良好的印象和感受。

2.地点

一般来说,就职者发表演讲的地点,也就是他开始新的工作的地方。因此,撰稿时突出地方特点,有助于演讲者表达真情实感。

3.听众

在就职演讲中,听众的反应直接关系到演讲的效果。因此,撰写就职演讲稿,必须注重听众的身份特点和思想倾向,通过语言照应,以增强现场交流感。

就职演讲最重要的目的就是向听众传达出自己对工作的信心和胜任的能力,因此,在演讲中突出对听众的鼓动性尤为重要。

主持会议：开口就要展现水平

出于工作的需要，我们经常需要参加或主持会议，尤其是对一些领导者而言，主持会议更是最为常见的工作。在许多会议场合，大部分都是主持人先讲话，所以，拥有好口才的职场人士，几乎是一开口就能体现水平，调动整个会场的气氛。因此，开口就要有水平，简单地说，就是需要一段精彩的开场白，开场白不仅仅要精彩，更要能够详细、巧妙地介绍出活动或会议的内容。精彩的开场白给人的印象是深刻的，能起到先入为主、吸引听众的效果。精彩的开场白往往能像磁铁一样紧紧地吸引住听众，定好整个会场的基调和节拍，增强听众对你演讲内容的兴趣。

好的开头可以一下抓住听众的心，给人以深刻的印象，吸引人们继续听下去。就像一本精彩的小说，开始就让人兴味盎然，人们自然急于了解后面的情节。开场白还要尽量避开陈旧死板、千篇一律的格式。你需要根据演讲内容的实际或讲形势，或道特点，或提要求，要因境制宜、灵活构思、巧妙设计，让与会者在不知不觉中进入你精心设计的"圈套"。

当然，不同的讲话需要的气氛是不同的。例如，领导者在征求意见时，需要下属畅所欲言，需要的是生动、热烈的场面；而研究解决问题时需要的是严肃、庄严的气氛；欢迎贵宾时需要的是热情洋溢的气氛，等等。在不同的演讲场合，需要我们以不俗的口才营造出与演讲主题相应的气氛，这样才能使演讲得以顺利进行。

开口就有水平的讲话，就是一开始用高度凝练的语言告诉听众基本的目的和主题，引起他们继续听的欲望。当然，开始演讲不能三言两语，草草了事，意不明，言已尽，给听众以茫然之感。他们不明白演讲的主旨，就会失去对你演讲的兴趣。

那么，在主持会议中，我们该如何以好的开口营造良好的气氛呢？

1.新颖生动的语言

生动才能吸引人，即使是主持会议，也要尽量说下属和在场人员听得懂的语言，这样才能使听众对你的演讲产生兴趣。反之，如果你总是老生常谈，就会让听众觉得寡然无味，也不会对你的演讲有任何兴趣。

2.风趣幽默

幽默风趣是一种"快语艺术"，它突破了惯性思维，遵循的是反常原则。我们在实际演讲中，必须要想得快，说得快，触景即发，涉事成趣，出人意料之外，又在情理之中，使听众在欢笑中易于接受。

可见，在工作中主持会议时，一定要有精彩的开场，有恰当连接、灵活应变的特点，应该打破千篇一律的格式。"现在开会，请领导作报告""这次活动马上开始，第一项进行的是……"如果只是这样做简单的介绍，就很难激起听众的兴趣，你应该根据活动的具体情况，或说说会议内容，或讲讲形式，或道道特点，或提提要求或谈谈"历史上的今天"。总之，要因境制宜，灵活设计，营造良好的气氛，最好是除了给人们带来乐趣之外，还能尽情地发挥出诙谐幽默的特点，使与会者能发自内心地微笑。

获奖致辞：重在展现谦逊的态度

在工作或者学习获得一定成果后，我们都会得到他人的肯定，可能还会得到奖励，而此时，为了回馈别人，我们就需要做演讲致辞，不少人为此头疼，如何在演讲致辞会上演讲呢？我们可以看下面的实例。

尊敬的各位领导、各位来宾、朋友们：

大家好！

作为公司的新员工，能有机会代表部门参加比赛并获奖，我感到十分高兴和激动，此时，我想用三个词来表达我的心情。

第一个词是感谢。感谢单位领导和同仁们对我的信任、帮助和鼓励，我由衷地感谢你们！（鞠躬）

第二个词是自豪。我自豪的是，在我人生渺茫之际，公司向我伸出了双手，让我在这片沃土上发展自己。在公司的培养、造就下，在领导的信任和同志们的帮助下，小小的我才得以成长，我人生的画屏才涂上了一抹最绚烂的色彩。

第三个词是行动。人要懂得感恩，感谢公司领导和同事们的培养和帮助，不只是简单的两个字，更需要我的行动。我将把这份感谢与感恩化作行动，将自己全部的智慧与力量奉献给公司，勤奋敬业，激情逐梦，在将企业做大做强的道路上执着前行，努力做到更好！

新年伊始，万象更新，值此新春之际，请允许我向一年多来关心、支持和帮助我的领导和同事们表达我最诚挚的祝福和谢意！

在这段致辞中，演讲者将自己的演讲内容分为三个部分，逐一阐述，让听众看到了他的谦逊态度以及继续努力的决心。

对演讲致辞，如果你毫无经验，可以参考下面这篇演讲大师总结出的范本。

今天我有幸获得这个奖，很感谢公司领导对我的支持，也很感谢同事们在工作上对我的配合（有需要的话可直接讲出人名或团队）。其实这个奖，不只是属于我的，它是属于在座每一位的，在座的每一位兄弟姐妹，你们说是不是？（语气激动一点，甚至可以带头鼓掌）我今天真的很高兴，高兴的不是得了多少奖金，而是因为我真真正正感受到团队精神的力量。我也觉得自己很幸运，幸运在于我当初选择了这家公司，公司给予我发挥的机会，团队精神给予我力量，使我能有今天的成绩，多谢各位。（接着可以讲一下自己有困难时，谁帮过自己）在未来新的一年，我会继续努力，和大家一起向更好的明天迈进。

在这个范本里，我们能大致理清演讲致辞的基本思路。

1.开场

①问好；

②名字；

③感谢。

2.内容

①归功——今天的成绩是大家支持的结果；

②经历——过去不平凡、感动、难忘的经历；

③感言——发表三点感言。

3.结尾

①奉献——继续努力，做出更多奉献；

②感谢——最后感谢大家的支持。

总之，在获奖致辞中，我们应归功于大家，而不应独占功劳，只有这样，才能表现自己谦逊的态度，也才能获得大家的信任，从而让他们继续支持你的工作。

会议演讲：落落大方地阐述观点

身处职场，可以说，开会是工作内容之一，我们常会遇到这样的情况：正认真倾听领导在会上侃侃而谈时，突然被领导或者其他同事推举即兴演讲，此时，该如何演讲呢？不得不说，在会上演讲是一件极需要勇气和口才的事，只有落落大方地阐述观点，才能获得与会人员的认同。事实上，不少人遇到过这样的情况：对演讲毫无准备，而被众人推举时依然不明就里，只能随便说几句，草草收场。

小赵是个内向的女孩，从上学到工作都很文静，很少和周围的同事接触，甚至连话都不敢说重了。二十几岁的她在单位也没什么是非，当然，两年了也没升职。她对自己目前的工作状态十分满意，直到一次聚会，让她彻底改变了自己的看法。

每年，公司都会举行一次大型的聚餐活动，今年依旧如此。那天，小赵所在的部门同事们都坐在了一起。聚会进行到一半时，为了活跃气氛，有同事提议表演节目。轮到小赵所在的部门时，大家有点面面相觑。部门主任不擅长活跃气氛，更别说唱歌表演了；刘姐是个庄重淑女，是不可能失去高贵气质的；老李的水平和部门主任差不多；只有小陈有文艺天赋，能自弹自唱，可不巧的是他感冒了，嗓子肿得说不出话来。

最后大家把目光聚到小赵的身上。刘姐说："年轻人哪有不会唱不会跳的？这又不是比赛，意思意思就行了。"还没等她反对，主持人已经报幕了："下面由计划部的小赵给咱们献上一曲……"事已至此，她只好硬着头皮在大家的目光中走上台去，接过话筒唱了一段京剧。这段京剧旋律流畅轻快，节奏鲜明悦耳，以至于台下的老师傅们不知不觉跟着唱了起来，场面达到了高潮，大家的掌声更响了。小赵的情绪也高了起来，有种真正被人接受、被人欣赏的感觉和喜悦。

回到座位上，部门主任笑容可掬地说："没想到小赵还有这么两下子呢，不错不错。以后再有这样的机会，让她和小陈配合一下，兴许还能给咱部里拿个什么奖呢。"她真是有点受宠若惊，要知道部门主任可从来没有这样和蔼可亲地对她说过话。

这次聚会后，小赵一下子出名了，以前她还不认识或还不太熟悉其他部门的同事，在这以后，同事们在班车或是在食堂相遇，都会友善地和她打招呼，她也意外地结识了很多新朋友。更让她惊喜的是，在一次公司例会上，公司总裁居然主动和她说话："我知道你，戏唱得不错，韵味十足，现在年轻人会唱京剧的不多呀。人也长得好看，小姑娘不错。你们主任眼光不错啊！"

部主任开心地大笑起来："您不是说要培养年轻人吗！"

会后，部主任和小赵说："好好干，只要外面有出头露面的机会，我会安排你去的，年轻人前途无量啊。"不久，部主任退休，部主任一职由小赵担任。当时的小赵才只有24岁。

一次赶鸭子上架的机会，让小赵被单位同事熟识，被单位领导重视。事实上，除了一般性质的聚会，平时的工作会议，也是职场新人表现自己的良好机会。

当然，要想在会上大放光彩，除了要敢说外，还要掌握一些演讲方法。

会议演讲有正式演讲和自由演讲两种，前者一般是领导报告，后者一般是员工讨论发言。

如果你参与的是正式的演讲，就应衣冠整齐，走上主席台时应步态自然，刚劲有力，体现一种成竹在胸、自信自强的风度与气质。演讲时应口齿清晰,讲究逻辑,简明扼要。

如果是无须脱稿的演讲,也要时常抬头扫视一下会场,不能低头读稿,旁若无人。发言完毕,应对听众的倾听表示感谢。

自由演讲则较随意,要注意,演讲应讲究顺序和秩序,不能争抢发言;发言应简短,观点应明确;与他人有分歧,应以理服人,态度平和,听从主持人的指挥,不能只顾自己。

另外,如果有会议参加者向你提问,应礼貌作答,对不能回答的问题,应机智而礼貌地说明理由,认真听取提问人的批评和意见,即使提问者的批评是错误的,也不应失态。

参考文献

[1] 卡耐基.受欢迎的演讲与口才技巧全集[M].刘祐，译.北京：中国致公出版社，2011.

[2] 赵铭磊.实用演讲口才与技巧[M].北京：中国纺织出版社，2015.

[3] 窦令成.口才与演讲技巧[M].北京：人民邮电出版社，2015.

[4] 汤金燕.演讲高手[M].北京：台海出版社，2022.